© 松本山雅FC
MATSUMOTO Yamaga F.C.
大好き 松本山雅FC WAON
ÆON SPECIAL MATCH
明治安田生命 J1 LEAGUE 第17節 6/29㊏ 18:00 KICK OFF!
松本山雅FC vs ガンバ大阪
頑張れ！松本山雅FC
大好き 松本山雅FC WAON
「大好き松本山雅FC WAON」はご利用金額の一部がチームの活動支援に役立てられます。
好評発売中 ●ご登録不要 ●年会費無料 ●チャージ上限金額：5万円
発行手数料 ¥300（税込）
※その他、詳しい内容につきましては、売場係員にご確認ください。
LICENSED BY J.LEAGUE
松本山雅FC 公式マスコット/ガンズくん ©2011 YAMAGA
WAON が使える店舗の一例
このマークのある店舗でご利用いただけます。
3棟170専門店のハピネスモール
ÆON MALL
イオンモール松本
ÆON STYLE イオンシネマ松本
晴庭
風庭
空庭
ご来店は、公共交通機関が便利！
タウンスニーカー東回り［2番のりば］
ÆON MALL
イオンモール松本
ÆON は松本山雅FCを応援しています。

「トップ15」ならず——。

境界の壁は高かった。サッカーの明治安田生命Ｊ１リーグに参戦した松本山雅ＦＣは11月30日、大阪府吹田市で行ったガンバ大阪との第33節で１―４で敗れた。下位２チームが自動降格するＪ１で、ホームでの最終節（12月７日・湘南ベルマーレ）を残して今季の17位以下が確定し、来季のＪ２降格が決まった。

２０１８年にＪ２で初優勝し、４年ぶりに２回目の国内最高峰リーグに挑んだ。「トップ15（自動で残留できる15位以上）」を目標に掲げたが、今回も１年でＪ１の舞台を去ることになった。全34試合の成績は６勝13引き分け15敗で、最終順位は17位。

今季は年間予算の多くを戦力整備に充てて臨んだ。〝スター軍団〟に勝利した神戸戦（４月６

リーグ最終戦で湘南と引き分け、試合終了後にサポーターの声援に応える選手たち（12月7日、サンプロアルウィン）

日)やＪ１参戦後初めて逆転勝利した浦和戦(8月23日)などの好ゲームもあったが、全般的には期待した戦力の不発や離脱もあり、得点力不足から苦戦を強いられた。勝数6、得点21は全18チーム中最少。

来季は、激戦が展開されるＪ２に舞台を戻す。再びはい上がるために、チームがどう変わっていけるか、そして、地域やサポーターが変わらず後押しできるか——。「頂」を目指す3度目の戦いが始まる。

反町監督が辞任

松本山雅ＦＣは12月8日、反町康治監督(55)が今季限りで辞任すると発表した。7日夜にクラブ側に辞意を伝え、クラブが了承した。来季Ｊ２に降格する責任を取った。反町監督は8日午前の取材に「結果重視のプロ社会。やるべきことはやってきたが、力足らずだった」と理由を述べた。

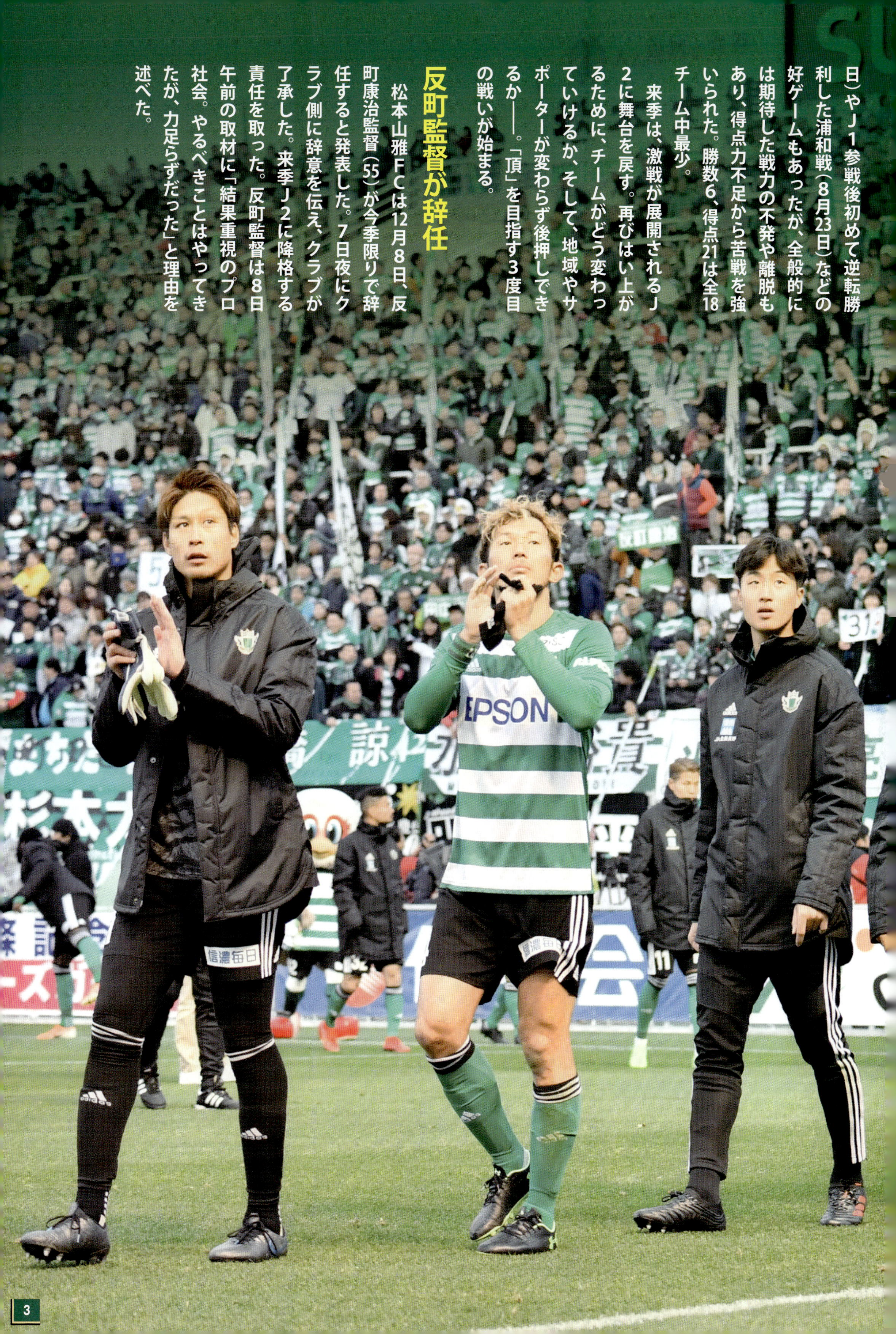

苦闘、激闘

10.14 練習（松本市）

1.22 キャンプ（東金市）

4.6 第6節・神戸

2.23 第1節・磐田

7.28 練習試合（小平市）

1.22 キャンプ（東金市）

3.9 第3節・浦和

4.28 第9節・FC東京

6.15 第15節・仙台

4.6 第6節・神戸

最古参・飯田「試合読む力足りず」
最年長・田中隼「結果受け止める」

チーム最古参の飯田と最年長で松本市出身の田中隼は、岩上とともに4年前のJ2降格を経験。今季も主力としてチームを支えてきたが、前回の雪辱を果たせなかった。

「試合をコントロールする力、読む力が足りなかった」と飯田。3試合続けて立ち上がりに失点すると、その後も寄せが追いつかずに前半だけで3点を失った。JFL時代の2010年に途中加入してDF陣をけん引してきた34歳は「ガンバの宇佐美選手は途中からうちの守りを見て、穴を見つけながら試合をコントロールしていた」と脱帽した。

中盤の右に入った37歳の田中隼は「切り替えて次をやろうと思ったけれど、見ての通りの結果となった」。決定力を欠いたチームはシーズンを通じて苦しい戦いが続き、「今日の試合が全てとは限らないが、残留できなかったのは力不足。1年戦ってきた結果」と険しい表情だった。

飯田は「J1で試合ができることは僕の現役では（今季で）最後になるかもしれない」と語った。運営面を含めたクラブの総合力を高め、3度目の昇格を果たすのはいつになるのか。14年から在籍する田中隼は「しっかりと結果を受け止め、このクラブの未来と、それぞれの選手のサッカー人生につなげたい」と前を向こうとした。

（11月30日・G大阪戦＝12月1日掲載）

最終戦＝交代選手が
最下位脱出に貢献

終盤に先制を許した松本山雅は、ホームで迎えた今季最終戦で引き分けに持ち込む意地を見せた。勝ち点1を積み上げて最下位脱出に貢献したのは、失点後に投入された選手たちだった。

機運をつくったのはイズマ。「時間は少ないが、集中すれば逆転できる」と最初のボールタッチで左サイドをドリブルで突破し、続くプレーで敵陣深くまで切り込んだ。クロスは飯田らの頭上を越えたもののスローイン獲得につなげた。

同点弾は直後の後半45分。町田のクロスに飯田が「決めるつもりだったが、阪野が見えた」と頭でつないで阪野の足元へ。直前に投入されたばかりの阪野は「練習や試合から（飯田が）落とす場所は分かっていた」。瞬時に反応して相手DFの前に入り込むと、倒されながらも右足でねじこんだ。

得点力不足にあえいだシーズンの最後に、山雅らしい泥くさい得点で締めくくった。阪野は「（今季は）2点しか取れなかったが、手応えを感じる時もあった。得たものを必ず来季につなげたい」と誓った。

（12月7日・湘南戦＝12月8日掲載）

9.29 第27節・FC東京

9.29 第27節・FC東京

8.28 練習（松本市）

6.29 第17節・G大阪

12.7 第34節・湘南

8.18 第23節・名古屋

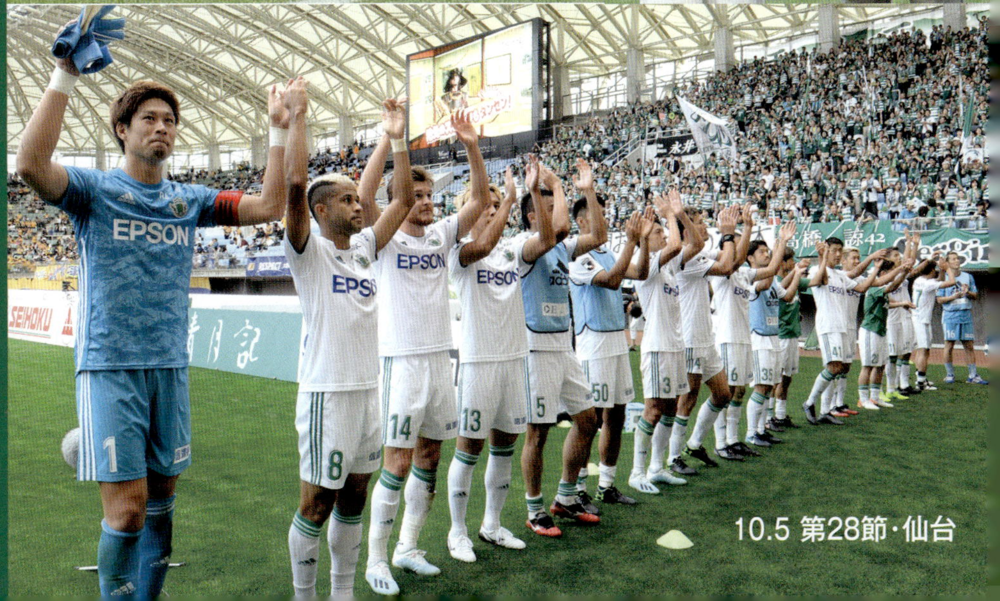
10.5 第28節・仙台

選手紹介

List of Players

❶生年月日
❷出身地
❸身長／体重
❹在籍年数（新は新加入）
❺山雅加入直前の所属チーム（期限付き移籍含む）

高橋 諒 42

DF Ryo TAKAHASHI

❶ 1993/7/16 ❷群馬県 ❸ 171cm/68kg
❹新 ❺湘南ベルマーレ

守田達弥 1

GK Tatsuya MORITA

❶ 1990/8/3 ❷千葉県 ❸ 191cm/87kg
❹ 2 ❺アルビレックス新潟

田中隼磨 3

DF Hayuma TANAKA

❶ 1982/7/31 ❷長野県松本市
❸ 174cm/64kg ❹ 6 ❺名古屋グランパス

杉本太郎 20

MF Taro SUGIMOTO

❶ 1996/2/12 ❷岐阜県 ❸ 162cm/62kg
❹新 ❺徳島ヴォルティス

監督 Yasuharu SORIMACHI

反町康治

1964年3月8日、埼玉県出身。静岡・清水東高―慶大から日本リーグの全日空クラブ、Jリーグの横浜フリューゲルスとベルマーレ平塚でプレー。2001～05年にアルビレックス新潟、09～11年に湘南ベルマーレで監督を務め、それぞれでJ1昇格。08年北京五輪男子代表監督。12年に松本山雅監督に就き、14、18年の2度J1昇格に導いた。19年で8季目。

スタッフ

●コーチ
石丸 清隆
長島 裕明（新）
増本 浩平
今﨑 晴也

●GKコーチ
中川 雄二

●フィジカルコーチ
古邊 考功

●ドクター
百瀬 能成

●チーフトレーナー
小嶋 久義

●トレーナー
井上 浩司（新）
千葉 千里（新）
大輪 真充（新）

●通訳
フェリペ
堤 海音（新）
ペク ミンジュン

●主務
長谷川 亘

●副務
白木 誠
平林 和昌（新）

DF *Yuya HASHIUCHI*

❶1987/7/13 ❷滋賀県 ❸175cm/72kg
❹3 ❺徳島ヴォルティス

FW *Ryo NAGAI*

❶1991/5/23 ❷兵庫県 ❸180cm/73kg
❹2 ❺名古屋グランパス

DF *Masaki IIDA*

❶1985/9/15 ❷茨城県 ❸187cm/82kg
❹10 ❺東京ヴェルディ

MF *Ibuki FUJITA*

❶1991/1/30 ❷愛知県 ❸170cm/68kg
❹2 ❺愛媛FC

MF *SERGINHO*

❶1990/12/3 ❷ブラジル ❸166cm/62kg
❹3 ❺セアラーSC(ブラジル)

MF *PAULINHO*

❶1989/1/26 ❷ブラジル ❸177cm/77kg
❹4 ❺湘南ベルマーレ

阪野豊史 50

FW Toyofumi SAKANO

❶1990/6/4 ❷埼玉県 ❸181cm/81kg
❹新 ❺モンテディオ山形

水本裕貴 41

DF Hiroki MIZUMOTO

❶1985/9/12 ❷三重県 ❸183cm/72kg
❹新 ❺サンフレッチェ広島

岩上祐三 47

MF Yuzo IWAKAMI

❶1989/7/28 ❷茨城県 ❸170cm/69kg
❹2 ❺大宮アルディージャ

今井智基 5

DF Tomoki IMAI

❶1990/11/29 ❷千葉県 ❸178cm/78kg
❹2 ❺柏レイソル

中美慶哉 13

MF Keiya NAKAMI

❶1991/9/23 ❷栃木県 ❸177cm/69kg
❹2 ❺ツエーゲン金沢

宮阪政樹 35

MF Masaki MIYASAKA

❶1989/7/15 ❷東京都 ❸169cm/68kg
❹3 ❺大分トリニータ

村山智彦 16

GK Tomohiko MURAYAMA

❶1987/8/22 ❷千葉県 ❸184cm/78kg
❹3 ❺湘南ベルマーレ

町田也真人 25

MF Yamato MACHIDA

❶1989/12/19 ❷埼玉県 ❸166cm/59kg
❹新 ❺ジェフユナイテッド千葉

高崎寛之 9

FW Hiroyuki TAKASAKI

❶1986/3/17 ❷茨城県 ❸188cm/78kg
❹4 ❺鹿島アントラーズ

安東 輝 32

MF Akira ANDO

❶1995/6/28 ❷大分県 ❸173cm/70kg
❹2 ❺湘南ベルマーレ

エドゥアルド 15

DF EDUARDO

❶1993/4/27 ❷ブラジル ❸184cm/84kg
❹新 ❺川崎フロンターレ

服部康平 44

DF Kohei HATTORI

❶1991/4/4 ❷東京都 ❸188cm/80kg
❹新 ❺栃木SC

浦田延尚 2

DF Nobuhisa URATA

❶1989/9/13 ❷東京都 ❸178cm/74kg
❹2 ❺愛媛FC

米原秀亮 22

MF Shusuke YONEHARA

❶1998/4/20 ❷熊本県 ❸184cm/72kg
❹新 ❺ロアッソ熊本

イズマ 45

FW ISMA

❶1991/6/25 ❷ギニアビサウ ❸181cm/91kg
❹新 ❺エステグラルFC(イラン)

山本真希 26

MF Masaki YAMAMOTO

❶1987/8/24 ❷静岡県 ❸176cm/67kg
❹新 ❺ジェフユナイテッド千葉

溝渕雄志 30

DF Yushi MIZOBUCHI

❶1994/7/20 ❷香川県 ❸172cm/66kg
❹新 ❺ジェフユナイテッド千葉

高木利弥 39

DF Toshiya TAKAGI

❶1992/11/25 ❷広島県 ❸177cm/72kg
❹新 ❺柏レイソル

移籍

MF 塚川孝輝 17
Koki TSUKAGAWA
❶1994/7/16 ❷広島県 ❹新
※FC岐阜へ期限付き移籍(7月)

FW 前田大然 7
Daizen MAEDA
❶1997/10/20 ❷大阪府 ❹3
※CSマリティモ(ポルトガル)へ期限付き移籍(7月)

DF 那須川将大 24
Masahiro NASUKAWA
❶1986/12/29 ❷北海道 ❹新
※藤枝MYFCへ完全移籍(7月)

FW レアンドロペレイラ 10
LEANDRO PEREIRA
❶1991/7/13 ❷ブラジル ❹新
※サンフレッチェ広島へ期限付き移籍(8月)

FW 山本大貴 19
Hiroki YAMAMOTO
❶1991/11/15 ❷熊本県 ❹4
※ファジアーノ岡山へ期限付き移籍(8月)

DF 當間建文 18
Takefumi TOMA
❶1989/3/21 ❷沖縄県 ❹4
※FC岐阜へ期限付き移籍(8月)

FW 榎本 樹 27
Itsuki ENOMOTO
❶2000/6/4 ❷埼玉県 ❹新
※ザスパクサツ群馬へ育成型期限付き移籍(8月)

MF 山本龍平 28
Ryuhei YAMAMOTO
❶2000/7/16 ❷三重県 ❹新
※モンテディオ山形へ育成型期限付き移籍(9月)

田中謙吾 23

GK Kengo TANAKA
❶1989/12/30 ❷神奈川県
❸186cm/78kg ❹新
❺AC長野パルセイロ

三ツ田啓希 36

DF Haruki MITSUDA
❶1997/12/22 ❷埼玉県
❸189cm/83kg ❹新(特別指定選手)
❺中央大在学中

ジョジヌ 34

DF JO Jin Woo
❶1999/11/17 ❷大韓民国
❸189cm/81kg ❹2
❺仁川南高校(大韓民国)

ゴドンミン 21

GK GOH Dong Min
❶1999/1/12 ❷大韓民国
❸190cm/78kg ❹3
❺大倫高校(大韓民国)

12

Supporter

大野佑哉 33

DF Yuya ONO
❶1996/8/17 ❷東京都
❸179cm/70kg ❹新
❺阪南大学

何度でも「上」を目指して

信濃毎日新聞社運動部記者　板倉就五

松本山雅FCがJ1残留争いの正念場を迎えていた11月。二つのサッカークラブが昇格の歓喜に沸いていた。かつて松本山雅も挑んだ、全国地域チャンピオンズリーグ（当時は全国地域リーグ決勝大会）を勝ち上がり、日本フットボールリーグ（JFL）昇格を決めた「いわきFC」と「高知ユナイテッドSC」の2クラブだ。

JFLは、国内最高峰のJ1から見れば3カテゴリー下。アマチュア最高峰と呼ばれるJFLへの挑戦を松本山雅は何度もはね返され、2009年にようやく突破した経験がある。その会場となったのがアルウィン（当時）。1万人超のサポーターによる熱気は圧巻だったが、それでもまだ、J1は雲の上の舞台――というのが率直な思いだった。

JFL参戦から6年目にJ1の舞台まで駆け上がり、今季は2度目の最高峰リーグに挑んだ松本山雅。その戦いは苦戦続きで、初挑戦した前回同様、わずか1シーズンでJ2に逆戻りすることになった。J2では2試合に1度のペースで勝利できている松本山雅が、J1では5試合に1度の割合でしか勝てない。それが、J1とJ2とを隔てる壁の高さと言える。

7月の天皇杯全日本選手権2回戦。松本山雅はJFLからJ3に昇格したばかりの八戸をホームに迎え、延長の末に敗れた。格下が格上を破る“ジャイアントキリング”は、かつて松本山雅が浦和や新潟などを相手に演じ、そのたびにクラブの勢いや地域の熱気は増した。八戸は、直近の試合から中2日の日程ながら片道800キロの行程をバス移動で松本入りし、120分間の死闘を制した。恵まれない環境を闘争心に変え、大きな舞台を夢見て、強敵に果敢に挑み、勝利の喜びをサポーターと分かち合う……。松本山雅が急成長を遂げた頃に見た景色が、何も自分たちだけのものではないということを、今まさに上を目指しているクラブが教えてくれている。

今季も何度か、審判による不可解な判定が勝敗に影響を与えた試合があった。反町康治監督は、憤りを押し殺しながら「判定の有利不利は、長いシーズン全体で見ればトントンになる」と話していたことが印象的だ。600試合を超える監督経験に基づく実感であり、「そう考えなければやっていられない」という本音でもあるだろう。

人間の幸福度を測る数値があるのなら、松本山雅に関わる人たちの数値を示す針は今季、マイナスに振れ、これまでの最大値を更新したのかもしれない。ただ、反町監督の「トントン」の考え方をこれに当てはめれば、プラスの方の最大値も更新されるということだろう。そこに針を振らせることができるかどうかは、松本山雅に関わる人たちの手に委ねられている。

J1リーグ 2019 34試合レビュー

最終順位

順位	チーム	勝点	試合	勝	分	敗	得点	失点	得失点差	
1	横浜M	70	34	22	4	8	68	38	30	
2	FC東京	64	34	19	7	8	46	29	17	
3	鹿島	63	34	18	9	7	54	30	24	
4	川崎	60	34	16	12	6	57	34	23	
5	C大阪	59	34	18	5	11	39	25	14	
6	広島	55	34	15	10	9	45	29	16	
7	G大阪	47	34	12	11	11	54	48	6	
8	神戸	47	34	14	5	15	61	59	2	
9	大分	47	34	12	11	11	35	35	0	
10	札幌	46	34	13	7	14	54	49	5	
11	仙台	41	34	12	5	17	38	45	-7	
12	清水	39	34	11	6	17	45	69	-24	
13	名古屋	37	34	9	10	15	45	50	-5	
14	浦和	37	34	9	10	15	34	50	-16	
15	鳥栖	36	34	10	6	18	32	53	-21	
16	湘南	36	34	10	6	18	40	63	-23	①
17	**松本**	**31**	**34**	**6**	**13**	**15**	**21**	**40**	**-19**	②
18	磐田	31	34	8	7	19	29	51	-22	②

① 16位のクラブとJ2リーグ3位〜6位のうち、J1ライセンスが付与されているクラブが「J1参入プレーオフ」に出場し、優勝1クラブがJ1に残留または昇格。② 17位、18位のクラブがJ2リーグに自動降格。

選手出場記録（J1リーグ戦のみ）

背番号	選手名	出場試合（時間＝分）	得点	
1	守田 達弥	31 (2,790)	0	
2	浦田 延尚	1 (45)	0	
3	田中 隼磨	31 (2,263)	0	
4	飯田 真輝	29 (2,610)	2	
5	今井 智基	18 (1,620)	0	
6	藤田 息吹	27 (2,134)	0	
8	セルジーニョ	15 (1,154)	2	
9	高崎 寛之	18 (429)	0	
11	永井 龍	27 (1,679)	3	
13	中美 慶哉	18 (855)	0	
14	パウリーニョ	28 (2,010)	1	
15	エドゥアルド	7 (617)	0	
16	村山 智彦	3 (270)	0	
20	杉本 太郎	27 (1,675)	2	
21	ゴドンミン	0 (0)	0	
22	米原 秀亮	0 (0)	0	
23	田中 謙吾	0 (0)	0	
25	町田也真人	13 (558)	0	
26	山本 真希	2 (5)	0	
30	溝渕 雄志	0 (0)	0	
31	橋内 優也	27 (2,353)	0	
32	安東 輝	8 (62)	0	
33	大野 佑哉	0 (0)	0	
34	ジョ ジヌ	0 (0)	0	
35	宮阪 政樹	19 (1,553)	1	
36	三ッ田啓希	0 (0)	0	
39	高木 利弥	1 (4)	0	
41	水本 裕貴	13 (1,170)	1	
42	高橋 諒	32 (2,871)	1	
44	服部 康平	5 (362)	0	
45	イ ズ マ	3 (38)	0	
47	岩上 祐三	19 (1,103)	1	
50	阪野 豊史	13 (667)	2	
7	前田 大然	18 (1,461)	2	移籍
10	レアンドロペレイラ	12 (807)	2	移籍
17	塚川 孝輝	3 (33)	0	移籍
18	當間 建文	5 (405)	1	移籍
19	山本 大貴	1 (57)	0	移籍

順位・勝ち点の推移

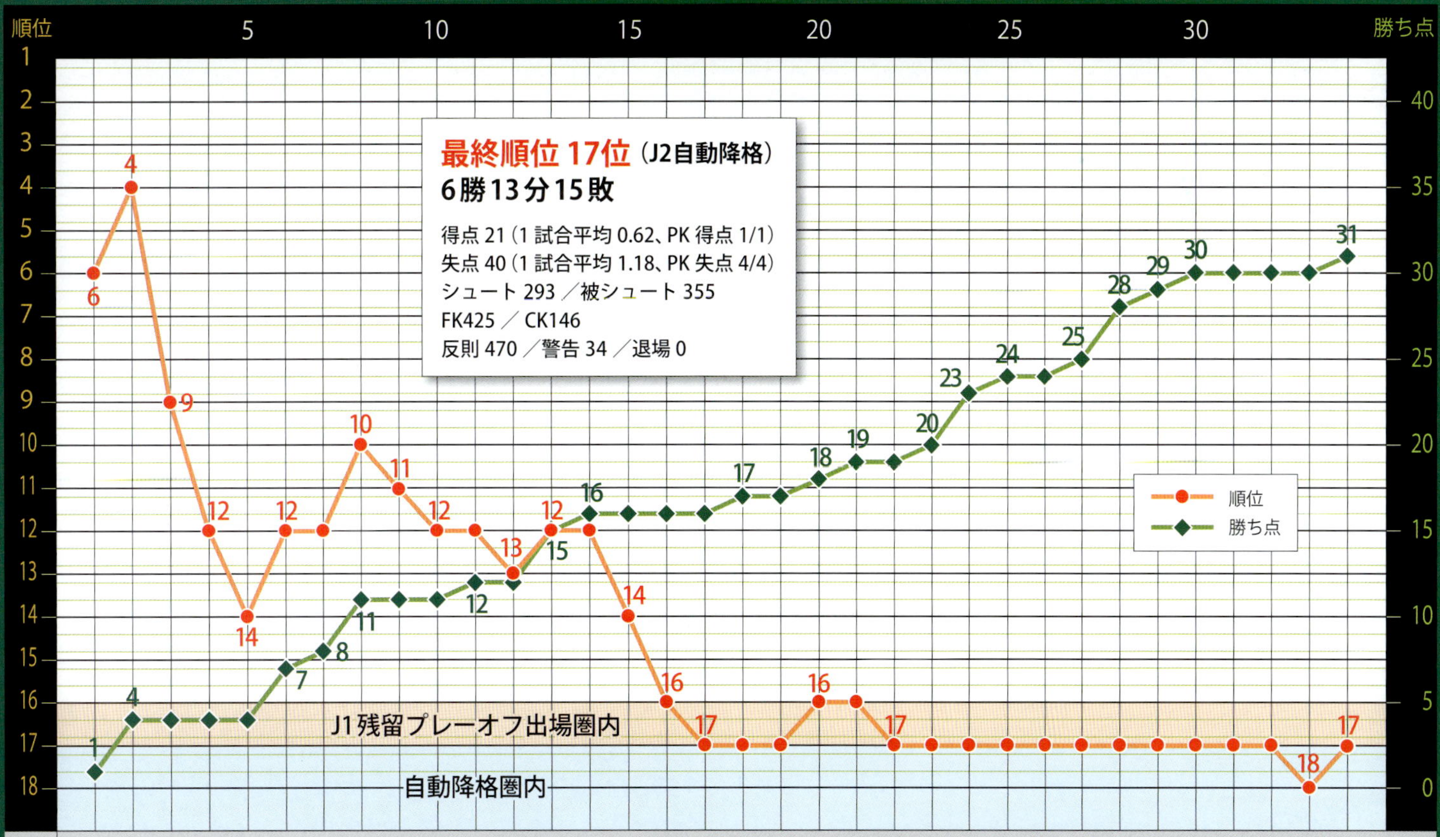

節	月日	対戦	勝敗
1	2・23	磐田	1△1
2	3・2	大分	1○0
3	3・9	浦和	0●1
4	3・17	広島	0●1
5	3・31	川崎	0●2
6	4・6	神戸	2○1
7	4・14	湘南	1△1
8	4・20	鳥栖	1○0
9	4・28	FC東京	0●2
10	5・4	C大阪	0●2
11	5・12	札幌	0△0
12	5・18	鹿島	0●5
13	5・26	名古屋	1○0
14	6・1	清水	1△1
15	6・15	仙台	0●1
16	6・22	横浜M	0●1
17	6・29	G大阪	1●3
18	7・7	札幌	1△1
19	7・13	磐田	0●1
20	7・20	広島	2△2
21	8・4	川崎	0△0
22	8・10	清水	0●1
23	8・18	名古屋	1△1
24	8・23	浦和	2○1
25	8・31	大分	0△0
26	9・14	神戸	1●2
27	9・29	FC東京	0△0
28	10・5	仙台	1○0
29	10・18	鹿島	1△1
30	11・2	C大阪	1△1
31	11・10	鳥栖	0●1
32	11・23	横浜M	0●1
33	11・30	G大阪	1●4
34	12・7	湘南	1△1

※赤字はホーム試合

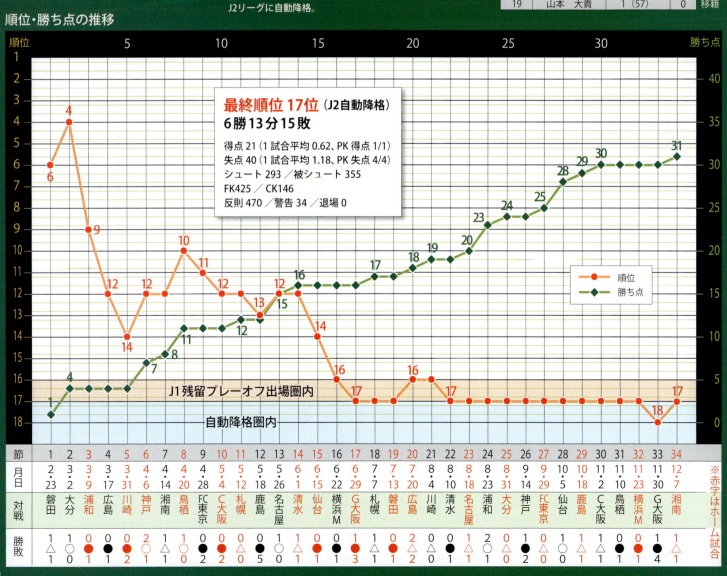

後半、相手CKでゴール前を守る永井（中央）、GK守田（右）ら

手応えの勝ち点1

磐田　1 - 1　松本山雅

第1節　2/23　Away

前半8分の先制点で試合の流れと自信を手にした松本山雅は、4年ぶりのJ1でもスタイルを前面に出す戦いを貫いた。高い位置からの守備と、走力を生かしたシンプルな攻撃で主導権を握る展開に「勝ち点3に値する内容」とセルジーニョ。しかし、勝ち点1にとどまった現実が、J1の厳しさと松本山雅が抱える課題を浮き彫りにした。

攻撃の柱になるはずだった新戦力のレアンドロペレイラを故障で欠いたが、永井、前田、セルジーニョの前線3人は躍動感があった。前半15分には左サイドを破った前田の折り返しを高橋がフリーで狙い、続く16分にも前田のクロスに永井が飛び込むなど、何度も好機を演出した。

前田が相手ボールに重圧をかけ続けたことで、磐田の名波監督は「イメージと違った」とリズムを崩されたことを認めた。中盤と3バックの粘り強さ、セットプレーやクロスに判断を間違えず飛び出したGK守田の守備は、1点のリードを守り切れると思わせる安定感があった。

それでも、「J1は甘くない。壁も感じた」と永井。相手を上回る13本のシュートを放ち、決定機もつくりながら追加点を奪えなかった攻撃は、昨季の得点力不足を引きずったまま。後半26分には、自陣右からのクロスを、エドゥアルドのマークを外した川又に決められて失点。攻守ともに自分たちが認識していた課題を露呈したことは、力の足りなさでもあり、成長の余地でもある。

磐田は昨季16位で、プレーオフを経て辛うじてJ1に残留した。次節の大分は松本山雅と同じ昇格組。つまり、昨季の立ち位置で下位2チームと当たる開幕2連戦は、松本山雅が目指すJ1残留のために結果が求められる。指揮官が感じた「J1でも、われわれらしいサッカーができた」という手応えを、次は勝利という結果につなげなければいけない。

前半8分、先制のFKを決める岩上

鍛えた走力 攻守躍動

　開幕に照準を合わせてチームづくりを急ぎ、狙い通りに敵地での開幕2試合を1勝1分けと好発進。浦和、広島、川崎とビッグクラブとの対戦が続く次節以降に弾みをつけた。「自分たちは強くない。どこが相手でもハードワークをして、全員で1点を取って全員で守るサッカーをやるだけ」と前田。J1再挑戦の真価が問われる戦いを見据えた。

後半、相手の攻撃を阻む藤田（左）ら

後半５分、こぼれ球を押し込み先制ゴールを決める永井（中央後）

大分 0 - 1 松本山雅

第２節　3/2　Away

この試合で、松本山雅の前田が塗り替えたJ1記録が、今季初勝利を挙げたチームの戦いを象徴している。53回を記録したスプリント（時速24キロ以上のダッシュ）回数は、2015年に計測を始めてから最多だった48回を更新。永井の30回も大分の誰よりも多く、相手の攻撃力を走力で封じた前線が「一番の勝因」（反町監督）だった。

大分はGKも加わってボールを動かし、相手守備にできた隙を長いボールで突く形が得意。そのスタイルで昨季のJ2最多得点をマークし、松本山雅も2戦2敗と苦汁をなめさせられた。

反町監督は、本来のスタイルを捨てて自陣に引いて守る方が「勝つ可能性は高い」と分析していた。しかし、勝つためだけによそ行きのサッカーをするよりも、スタイルを貫いて勝つ可能性を高めることを選択。そのために周到な準備をした。

同じ会場で大分と対戦した昨年10月は、他の敵地戦と同様に前日に現地入り。長い移動を伴うことで「選手の体が重たかった」（反町監督）教訓が残ったため、今回は2日前に現地に入って調整した。

クラブ関係者によると、1泊多いことで約50万円の支出増になる。ただ、効果は絶大で「前日入りならここまで走れなかった」と永井。攻守両面で走り続けたことが、後半5分の自らの先制点にもつながり、「しっかり走ったことが大事」と強調した。

流れの中で打たれたシュートは3本。浦和に決定機をつくらせず、逆に何度も相手ゴールを脅かしていた松本山雅には勝機があった。しかし、ハンドの判定で与えた後半27分のPKを決められて0－1で敗戦。ホーム開幕戦は、勝ち点0という結果を突きつけられて終わった。

「弱小チームは引いて守ることが理想かもしれないが、われわれにはそういうDNAがない」と反町監督。J1屈指の戦力を誇る浦和に対しても、開幕2試合と同様に高い位置から圧力をかける積極的な戦術をぶつけた。松本山雅のプレスと強風に手を焼いた浦和は攻撃を組み立てることができず、試合の流れは一進一退。時計の針が進むにつれ、最初の1点の重みが増す展開になった。

勝負の分かれ目は、わずかなほころびだった。後半26分。松本山雅は左サイドで相手の圧力をかわし、中央に展開したボールを藤田がコントロールできず相手に奪われた。逆襲に出た相手に対してボールに寄せるのか、ゴール前を固めるのかの判断が中途半端なままペナルティーエリアに進入され、クロスを防ぎに飛び込んだ橋内の左手にボールが当たった。一拍遅れてPKを告げる主審の笛が鳴った。

「右側にトラップできていればよかった」と藤田。ハンドは不可抗力だったとしても「手に当たったことは間違いない」と橋内。松本山雅は好機を決めきれず、相手は唯一の好機を決めて敗者と勝者が分かれた試合を、反町監督は「惜しいではなく、大きな隔たりがある」と受け止めた。

内容は互角で、結果は負け。完敗続きだった4年前からは進歩しているが、この構図を覆す努力を続けなければ、J1に生き残る目標は遠ざかっていく。

松本山雅 0-1 浦和

第3節 3/9 Home

前半、攻め込む永井（中央）

勝機つくるも
非運の笛

前半、CKに飛び込むパウリーニョ（左から２人目）

mazda
18
44

ミス恐れ パス消極的に

広島 1-0 松本山雅

第4節　3/17　Away

2連敗を喫した試合後、スタジアムから引き揚げる松本山雅の選手たちは異口同音に「躍動感がなかった」と言った。「自分たちの良さがまったく出せなかった」との受け止めも共通していた。前節の浦和戦と同じ0−1の敗戦だが、手応えも収穫も乏しい黒星から受けたダメージは小さくない。

広島の狙いは明確だった。松本山雅の3バックがボールを持っている時は圧力をかけず、パスの出し手となるボランチと、受け手となるワントップの永井にボールが入った時には文字通り“つぶし”にきた。球際の競り合いでも上回り、攻撃では左サイドに人数を割いて徹底的に攻めた。

狙いを前面に押し出した相手に対して、松本山雅はまるで普段とは別のチームのようだった。

3バックやボランチがボールを持っても、失うことを恐れるように横や後ろにパスを渡してばかり。裏のスペースを狙って走る前線へロングパスが供給されることは皆無に等しかった。「後ろと前がうまくかみ合わなかった」と前田。橋内は「自分たちで悪いゲームをした」と硬い表情だった。

伏線は、この試合の前に喫した二つの負けにある。

浦和戦も、異なるメンバーで臨んだ13日のルヴァン・カップのG大阪戦も、失点は全て攻撃を組み立てようとする際に失ったボールが原因。松本山雅の弱点でもあるが、そこを克服しない限りはJ1では生き残れない。負けたことによる心理的な影響のせいか、この日は克服しようとする姿勢そのものが薄かった。

「自分たちの良さは何か、考えていかなければいけない」と橋内。まだリーグ戦は4試合を終えただけだが、チームは岐路に立たされている。

破られた包囲網左サイド

広島は左サイドの柏が攻撃の起点になり、同サイドの野津田と佐々木による3人で数的優位の状況をつくり出して攻め続けた。一瞬のスピードと中に切り込んでから右足のシュート力がある柏には警戒していたが、決勝点は包囲網にできた穴を突かれて奪われた。

後半16分。自陣左サイドで奪いきれなかったボールが柏の足元にこぼれた。岩上が寄せ、藤田も戻ったが、柏は一つ右に持ち出してマークを振り切り、右足で鮮やかに決めた。「90分間を通して全て後手に回った」と岩上。GK守田は「分かっていたけれど、やられた」と唇をかんだ。

同じシステムのチーム同士がぶつかる試合は、どこかでギャップをつくらなければ好機が生まれない。それを広島は左サイドでつくり、同じように自分たちの左サイドでつくろうとした松本山雅はできなかった。反町監督は「手堅い広島(相手)には無力だったかもしれない」と受け止めた。

後半16分、広島の柏(中央)に先制を許す(右から)服部、岩上、藤田

前半、川崎の守田（左から2人目）と競り合う前田（右）

松本山雅 **0-2** 川崎

第5節　3/31　Home

王者との力の差を前に、なすすべがなかった。松本山雅は、3連覇を狙う川崎の攻勢に屈して自陣にくぎ付けにされ、放ったシュートは枠を外れた3本のみ。勝機のかけらも見いだすことができず、3連敗を喫した。

攻撃の糸口にしたかったのは、川崎のサイドバックが攻撃参加して空いた裏のスペース。相手が浮足立っていた序盤こそいい形になりかけた場面もあったが、時間とともに押し込まれ、攻撃の形をつくれなかった。

「特に前半はボールを持てず、攻撃ができなかった」と宮阪。レアンドロペレイラは「相手のポゼッション（ボール保持）を食い止めるのに必死だった」と振り返り、前田は「（相手DFと）勝負する機会すらなかった」と唇をかんだ。

狙った攻撃ができなかった要因は二つ。ボールを奪う位置が低すぎたことと、奪ったボールを攻撃に転じる前に再び失ったことだ。「ファースト（最初の）パスがうまくいかず、攻撃の第一歩をつくれなかった」と反町監督。守備に追われ、ボールを奪っても攻から守に切り替えた相手の圧力を回避できない。その負の連鎖から抜け出せないまま90分間が終わった。

王者の攻勢に押し込まれ

前節までの開幕4試合は固定して戦った先発メンバーを、2連敗を受けて4人も入れ替えてチームに刺激を与えた。今節までの2週間を使って、相手の圧力を回避してボールを前に運ぶ練習もした。それらの手だてが実を結ばず、持ち味のハードワークだけでは覆せない技術や組織力の差を突きつけられて敗れた。

「（直面した）このレベルに合わせていかなければいけない」と指揮官。「われわれにしかないものを武器にしなければいけない。努力するしかない」と最後まで厳しい表情を崩さなかった。

RESPECT

反町康治

山雅らしく未来をつくる

われわれにとって、4年ぶりとなるJ1が開幕した。まだ2試合を終えただけだが、やはりJ1とJ2とでは大きく違うと実感している。スタジアムの熱量はJ2の比ではなく、サポーターもメディアも多い。当然、勝ち点の重みも違う。

開幕6試合勝利がなかった昨季の序盤戦は確かにしんどかったが、J1の今季はさらに厳しい戦いを覚悟している。勝ち点を計算できる試合は一つもない。かつて、G大阪や柏がJ2から昇格してすぐにJ1で躍進したことがあったが、それはまれな例。4年前のわれわれがそうだったように、大半の昇格チームは苦戦する。クラブやチームの力関係が成績に直結するリーグだからだ。

4年前の開幕戦を思い出してほしい。アウェーでの名古屋戦は先制し、一時は2点のリードを奪った。結果的に追いつかれて3－3の引き分けだったが、周囲も選手たち自身も「手応えがある」という受け止めではなかったか。

この受け止めが一番怖い。手応えがあると言ってスタートした4年前、われわれは18チーム中16位に終わり、1年でJ2に降格した。手応えがあるならば、それを結果につなげなければ意味がない。今季の磐田との開幕戦も同じだ。1－1の引き分けで勝ち点1を得た結果は悪くないし、私も試合後の記者会見で「よくやった」と話した。しかし、われわれらしさを前面に出して戦えたことを考えれば、勝っておかなければいけなかったと思っている。

開幕戦に先発で送り出した11人のうち、（前田）大然とセルジーニョ、服部の3人が初めてJ1のピッチに立った。「トップ15（無条件で残留できる15位以上）」の目標を達成するためには、彼らのようにJ1での実績がない選手たちがどれだけ伸びるかということが重要なポイントになると思っている。

今季に向けたチーム編成をしている段階で、実績十分で名前も知られている選手から売り込みがあった。それも何人も、だ。しかし、私は全て断った。力のあるベテラン選手もいたし、獲得していれば戦力になったかもしれない。ただ、それでJ1に残留したところで未来に何が残せるか。われわれは、20歳の米原のように可能性を秘めた若い選手を獲得し、未来に向けてチームを成長させていく道を選んだ。

開幕からアウェーでの試合が二つ続いたが、6日にはルヴァン・カップの清水戦でホーム初戦を迎え、9日には浦和とのJ1ホーム開幕戦がある。3月末には2連覇中の川崎をホームに迎え、その翌週の神戸戦では世界的スターのイニエスタやポドルスキが松本にやってくるだろう。彼らを生で観戦できる機会は貴重で、お客さんにとってもJ2とは比べものにならない期待感があるのではないか。

私は決して、イニエスタのプレーを楽しみに待っていてほしいと言っているのではない。こうしたトップレベルの選手やチームに対して、われわれの戦いがどれだけできるのかを見てほしい。松本山雅のことを少しでも知っている人なら、華麗なパスワークで相手を崩すサッカーをするとは誰も思っていないだろう。どの舞台、どの相手でも、われわれらしく躍動感を持って、相手の隙を突いて仕掛けるサッカーをやるだけだ。1人でも多くのお客さんに笑顔で帰路に就いてもらえるように全力を尽くす。

（3月6日 紙面掲載）

激闘のフィールド

橋内優也
激しい競り合い

広島との対戦(3月17日、エディオンスタジアム広島)は0-1で敗れたが、かつて広島に所属したDF橋内優也は、長身の外国人フォワードと激しく競り合い気を吐いた。

橋内は身長175 センチ。前半9分、左サイドをドリブルで駆け上がるFWドウグラスと激しくぶつかり合い、当たり負けしない強さを見せた。同19分には相手選手が前線に長いパスを出したが、橋内がボールを追いながらうまく体を入れ、ボールをゴールキーパーに戻した。

杉本太郎
王者相手に気を吐く

J1の3連覇を狙う王者・川崎とのホーム戦(3月31日、サンプロアルウィン)は0-2で敗れた。が、後半から途中出場したMF杉本太郎が気を吐いた。

後半23分にセルジーニョと交代すると、川崎MFの田中碧や守田英正と競り合った。ボールを奪うと素早く果敢に攻め上がった。強豪相手の上、強風で時折雪が舞う悪天候とあってパスがうまくつながらない場面もあり、ピッチ上で悔しそうな表情も見せた。

必死に走ってスター軍団撃破

神戸の先発には、日本代表や元スペイン代表がずらりと並ぶ。華麗なサッカーで見る人を魅了するスタイルの相手に対して、松本山雅がこだわったことは「われわれらしさを取り戻す」（反町監督）。必死に走り、泥くさく当たり、体を張って守るサッカーを90分間貫き、4試合ぶりの勝利をもぎ取った。

開幕から先発出場してきたセルジーニョとエドゥアルドの2人を外し、中美と飯田を初めて先発起用。チームに刺激を与えるために先発4人を入れ替えた前節とは狙いが違い、「らしさ」を出すための起用だった。

取り戻そうとした持ち味は、素早い攻守の切り替えと球際の激しさ。前半13分の先制点は、狙いを結果につなげた。左サイドのスペースで仕掛けた前田が失ったボールを、攻撃から守備に切り替えた中美がすぐに奪い返す。相手はファウルで止め、好位置でFKを獲得。宮阪が放った低く速いボールを相手GKが防げず、4試合ぶりにゴールネットを揺らした。

攻撃的な1.5列目に入った中美は「守りでチームに貢献しようと考えていた」と振り返り、宮阪も「球際で体を張る意識だった」と話す。反町監督は「J1（の戦い）に慣れて、少し忘れていた部分。イニエスタだって、しつこくいけばボールを奪える」と強調。相手に食らい付く姿勢を求め、それが出せる選手を起用し、最後まで手を緩めなかったことで、渇望した勝ち点3をつかむことができた。

原点回帰とも言えるスタイルで、ひとまず苦境を抜け出した。「後半は神戸も必死だった。われわれはそれ以上に必死にやらなければいけないと学んだ」と指揮官。この勝ち方を、一度きりで終わらせてはいけない。

前半43分、飯田（中央）がヘディングシュートを決め2-0とリードを広げる

後半、自陣ゴール前で神戸・イニエスタからボールを奪うパウリーニョ（14）

松本山雅 2-1 神戸

第6節　4/6　Home

湘南 **1 - 1** 松本山雅

第７節　4/14　Away

待望の初ゴールは、低い弾道でゴールネットに突き刺さり、チームの黒星を消す貴重な１点になった。１点を追う後半38分に強烈な同点ゴールを決めた松本山雅のレアンドロペレイラ。試合２日前に「気分転換」と金髪を黒髪に戻した頭をなでながら、「かっこいいでしょ」とご機嫌だった。

昨季のブラジル１部リーグで２桁得点をマークし、鳴り物入りで松本山雅に加入。開幕前は期待と注目を一身に浴びたが、開幕直前の練習試合で腰を痛め、出遅れた。「万全だったとしても、開幕直後は使っていなかっただろう」と反町監督。個人技に頼るブラジルと異なり、チーム戦術を重視する日本のサッカーに慣れ、FWにも守備での献身性を求める松本山雅のスタイルに順応できるかを見極めていた。

来日10年目のパウリーニョは「慣れるには考え方をオープンにすることが最初の一歩。彼にはできる」と話す。仲間と積極的にコミュニケーションを取り、日本食も好き嫌いなく食べる。第５節から先発起用に踏み切った指揮官は「練習もしっかりやる。今日は交代させる必要は全くないと見ていた」と、背番号10の決定力に懸けていた。

前線で泥くさく体を張り続けた姿勢が、自らのゴールにつながる。後半38分は、GK守田からのロングボールに競り合い、そのこぼれ球を拾った宮阪と杉本が仕掛ける。相手に阻まれて足元にこぼれてきたボールを収めて右足側に置くと、DFが寄せる前に小さな足の振りから豪快なシュートを放った。

「自分でもナイスゴールだと思う」と満面の笑みを浮かべたレアンドロペレイラ。その笑顔を瞬時に消したかと思うと「次のホームで勝つことに気持ちを切り替えたい」。そう話す顔つきは真剣だった。

新10番が待望の同点弾

杉本・永井の投入で攻勢に

後半６分に先制された反町監督は、同18分に前田に代えて杉本、さらに同26分には中美と交代で永井を投入。攻撃的な1.5列目に入った２人が攻撃に厚みをつくり、試合の流れを引き寄せた。

「（前田）大然と中美が悪かったわけではない。相手の目先を変えるため」と反町監督。狭いエリアでもボールを足元に収めて前を向く力がある杉本と永井を入れたことでレアンドロペレイラとの距離感が良くなり、攻勢に転じた。「レアンドロペレイラに入った後のボールを意識した」と杉本。その言葉通りのプレーが、後半38分のレアンドロペレイラの同点弾につながった。

３連敗の後、これで１勝１分けと持ち直した。左脚のけがから３試合ぶりに復帰した永井は「開幕２試合も１勝１分けだったけれど、そこから３連敗した。ここから地に足を着けてやることが大事」と気持ちを引き締めていた。

後半38分、同点ゴールを決めるレアンドロペレイラ

前半10分、先制ゴールを決めガッツポーズを見せる前田

松本山雅 1-0 鳥栖

第８節　4/20　Home

前節のレアンドロペレイラに続き、この日は前田にも待望のJ1初ゴールが生まれた。この先制点を、松本山雅は文字どおり全員守備で守りきってホーム2連勝。J1に初挑戦した2015年より２試合早く、勝ち点を2桁に乗せた。

前半10分。左サイドでのスローインから頭で競り合ったボールのこぼれを、パウリーニョがペナルティーエリア左のスペースに送る。前田は「そこが空くことは分かっていた。狙っていた」と一瞬の加速で相手DFより早くボールとの間に体を入れると、そのまま左足でシュート。GKの脇を抜く豪快な一撃で先手を取った。

そこからの80分間は、鳥栖が主導権を握り、松本山雅は守勢に立たされた。「一つやられていたら、3-1か4-1で負けている」と反町監督。ピンチの連続で肝を冷やし続ける展開を余儀なくされたが、指揮官は「相手が（シュートを）外したのではなくて、われわれが対応できた」と最後まで集中力を切らさなかった守備陣を評価した。

ボランチのパウリーニョと宮阪が左右に動き続けて相手の攻撃を制限し、その防御網を抜けて入ってくるパスやシュートは3バックとGKで体を張って食い止めた。後半12分には、長い距離を走って戻った高橋が鳥栖の決定機を阻止。宮阪は「自分たちらしさを出して失点ゼロで抑えられた」とうなずいた。

第3節から3連敗を喫したが、「その時も自信を失っていなかった。J1で自信を失ったら厳しい試合しか残されないから」とパウリーニョ。チームの方向性は変えずに、球際や対人への厳しさを改めて徹底したことが復調につながっている。次の相手は首位のFC東京。上り調子のチーム力をぶつけるにはこれ以上ない強敵に挑む。

前田J1初ゴール

後半、相手のシュートを阻む村山（左）

前半、競り合う田中隼（左）と鳥栖の高橋義（須坂市出身）

ミスからの失点
ゲームプラン崩れ

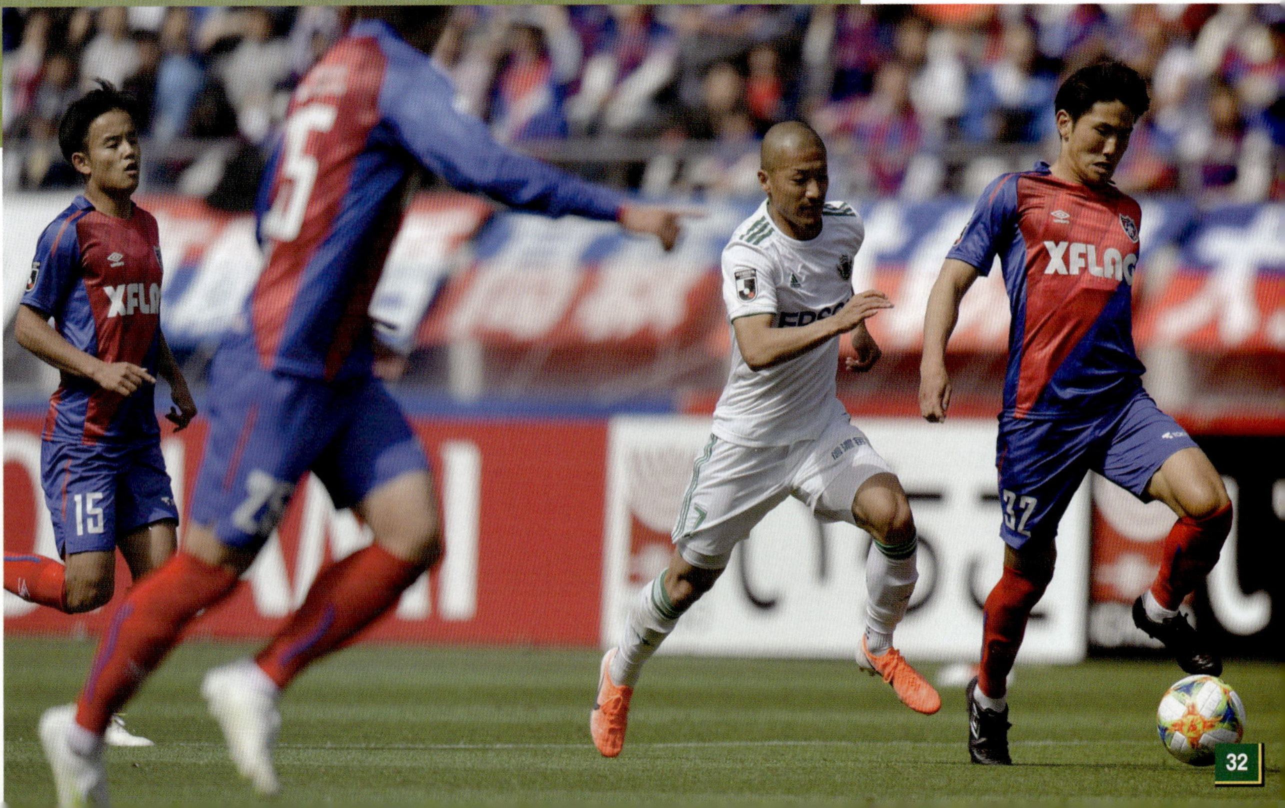

前半、ボールを奪い合う（右から）東京・渡辺、前田、東京・小川、同・久保

前半44分、東京・永井（11）に先制ゴールを決められる

FC東京 **2-0** 松本山雅

第9節　4/28　Away

後半は盛り返し、FC東京の2倍にあたる8本ものシュートを放った松本山雅。しかし、試合は終始、相手の思惑通りに進んでいた。松本山雅の足かせになっていたのは、あと数分でハーフタイムという前半終了間際の失点。自分たちのボールを失い、球際で競り勝てず、警戒していた縦に速い攻撃から決められたゴールが、松本山雅のゲームプランを崩した。

失点するまでも守勢だったが、ペナルティーエリアに進入してくる相手を食い止め続ける守備に破綻の気配はなかった。前半44分。自陣で奪ったボールを宮阪が前線のレアンドロペレイラに入れる。これを収めることができずボールを失ったところから相手の逆襲が始まった。パウリーニョと宮阪がボールに寄せるがかわされ、一瞬の動きだしで今井の背後を取った東京・永井に縦パスが通った時点で勝負ありだった。

「ボールへの執着心にはこだわっているが、そこで強みを発揮できなければ松本山雅ではない」と反町監督。メンバーも試合展開も違うが、4月24日に清水と対戦したルヴァン・カップでも2点リードの前半終了間際に2失点したばかりで、「（課題を）洗いざらいに整理しなければいけない」と眉間にしわを寄せた。

「隙があったというよりも、それが今の自分たちの立ち位置」と橋内。J1でも守備は機能しているが、ボールを奪った後のプレーの精度が低く、自分たちのミスからピンチや失点を招く課題を解消できない。「守備に回る時間が多い中で、自分たちのボールになった時にどれだけ高い精度を出せるか。突き詰めなければいけない」と宮阪。リーグ戦は次で10試合目。失った勝ち点を成長につなげる歩みを止めてはいけない。

数値化を強化にうまく生かす

われわれ日本人は、物心がついた頃から能力や評価を数字で示されることに付き合っている。小学校の通信簿しかり、スポーツテストしかりだ。

サッカーは本来、選手個人の数字が出にくいスポーツだった。見る人の主観で「うまい」「速い」ということはあっても、「ボールリフティングが100回できるからうまい」とは限らないからだ。

いまは、その流れが大きく変わっている。J1では2015年から「トラッキングシステム」が導入され、選手個人とチーム全体の走行距離とスプリント（時速24キロ以上のダッシュ）回数が毎試合、公表されている。チームが受け取るデータはさらに細分化されて膨大で、全てを見切れないほどの数字が並ぶ。

私が新潟や湘南の監督を務めていた当時は、ここまで数値化されていなかった。湘南時代も走ることを大事にしてチームづくりをしていたが、選手に伝えることは「ボールホルダー（保持者）を越えていけ」という抽象的な指示。いまでは、「スプリントで（守備に）戻れ」と具体的に伝えるようにしている。その方が選手たちも納得して受け止めるからだ。

（前田）大然の走力が高いことは昨季までも分かっていたし、皆さんも見ていて速いと感じていたのではないか。それが、今季は分かりやすい数字で示されている。第2節の大分戦で大然がマークした53回のスプリント回数はJ1の過去最多記録を更新した。その他の試合でも40回以上を2度マークし、今季のランキング上位を独占している。

われわれは日々のトレーニングでも選手の数字を計測している。2年前から「ハートレートセンサー」と呼ばれる装置を胸部に着けて、走行距離とスプリント回数、心拍数を測っている。同じ練習でも、選手によって負荷のかかり方は違う。どれほどきついメニューでも、心肺機能が高い一部の選手に負荷がかかっていなければ、それはチーム全体を鍛えていることにならない。開幕前のキャンプでは、同じ内容の練習を選手の数値に応じて負荷を変える取り組みをした。数字を強化に生かす理想的な形だろう。

一方で、相手があるサッカーは数字では測れない要素が多い。スプリント回数が多いFWが得点王になっているわけではないし、ボール保持率が高いチームが必ず勝つわけでもない。私は選手起用を決める際、「この前の試合でスプリントが20回以上だったから使う」ということは絶対にしない。

トラッキングシステムを採用していないJ2でも試合のデータを取ろうと、昨季の開幕直後はハートレートセンサーを着けて試合に臨んだ。しかし、選手には器具による締め付け感があると不評で、7試合目から装置を外した。その試合でチームは初勝利を挙げた。いまとなれば笑い話だが、数字はチームのパフォーマンスを上げるためのツールであって、数字ありきのチームづくりは本末転倒だということだ。

われわれが唯一、強いこだわりを持たなければいけない数字があるとすれば、それは勝ち点だ。昨季のJ1昇格争いは、最終戦の最後の数分までどうなるか分からなかった。昨季のJ1でも最後は勝ち点1の差がものを言った。今年最初のミーティングで、選手たちには勝ち点へのこだわりを強く求めた。「トップ15（無条件でJ1に残留する15位以上）」の目標を成し遂げるため、勝ち点という数字を追い求めていく。

（4月4日 紙面掲載）

激闘のフィールド

元スペイン代表のイニエスタや日本代表らを擁する神戸を破ったホーム戦(4月6日、サンプロアルウィン)では、今季加入したFWレアンドロペレイラのプレーにサポーターから声援が送られた。

前半37分、右サイドを駆け上がったDF今井智基からの鋭いクロスに飛び込んだが、神戸のGK前川黛也に阻まれた。攻撃面では計3本のシュート、守備でも前線で相手にプレスをかけて貢献した。

湘南と1-1で引き分けた試合(4月14日、ShonanBMWスタジアム平塚)、積極的に攻め上がり、好機を演出するMF中美慶哉の姿が光った。

中美は前半から何度もボールを奪い、ゴール前では相手DFとの激しい競り合いも見せた。後半途中にFW永井龍と交代するまで相手ゴールを脅かし、敵地での勝ち点1奪取に貢献した。

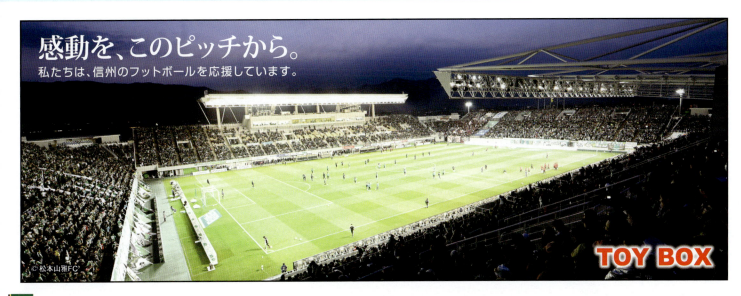

た」と前田。決して選手がバラバラの方向を向いてプレーした結果ではない。試合前に確認したチームの狙いに徹した結果、それがうまくいかない試合だった。

「前半は快適にプレーすることができた」と事もなげに振り返ったC大阪のロティーナ監督とは対照的に、反町監督は険しい表情で「前半が全てだった」と悔いた。

先制されると、松本山雅の勝機は一気にしぼむ。今季は10試合のうち6試合で先制を許し、追いついたのは第7節の湘南戦のみ。逆転は一度もなく、1分け5敗と苦戦を強いられる。「勝っている試合でも攻撃でうまくいっている試合はない。前にボールが入ってくる形が本当に少ない」と前田。永井は「チャンスがつくれているようでつくれていない。相手の方がいいFWだった」と受け止めた。

勝ち点を2桁に乗せてから2連敗で足踏みし、10試合終了時点の勝ち点11は2015年に初めてJ1を戦った時と同じ数字になった。今季のスローガンは「境界突破」。まだ境界の手前にいる現状を、自分たちの力で打破しなければならない。

２連敗を喫しピッチにしゃがみ込む高橋（左端）ら

連敗——越えられぬ「境界」

6試合ぶりに永井をワントップで先発起用した松本山雅の狙いは、高い位置から相手ボールに圧力をかけることにあったはずだ。しかし、永井より後ろは中央に寄ったり守備のバランスを整えようとしたりして圧力が分散。前半21分、そこに生じた隙間を突かれ、試合の流れを決定付ける先制点を奪われた。

C大阪の4バックの中央2人がボールを持っている時、永井と連動して前田や中美が圧力をかけ、相手の攻撃を制限して押し込む。その形が機能したのは、ハーフタイムに修正をかけた後半からだった。前半は「前からうまくはめられなかった」と中美。「連動できていなかっ

攻撃陣の主力2人を欠いた飛車角落ちの札幌に対して、松本山雅は試合の主導権を握ってチャンスをつくり続けた。しかし、それを一度もゴールにつなげられず3試合連続の無得点。引き分けで連敗は止めたものの、勝ち点3を逃した喪失感が強く残った。

前半は4連勝中の札幌を圧倒した。ハイプレスを封印し、コンパクトな陣形から狙いを決めて相手ボールに圧力をかける守備戦術が機能。奪ったボールから攻撃に転じ、序盤から攻め立てた。

前半2分、ロングボールを飯田が頭で落とし、相手の背後をとった前田が右足で直接狙ったシュートは枠の上。6分に右からのスローインを近いサイドで収めたレアンドロペレイラのシュートはゴール右に外れ、23分にワンツーからペナルティーエリアに進入した杉本のシュートは相手GKに阻まれた。

最大の決定機は後半36分。中盤の球際で競り勝った中美から縦パスを受けた前田が抜け出し、相手GKと1対1に。前に出たGKの頭上を狙ったシュートを浮かせることができず、GKにキャッチされた。

シュートゼロに終わった直近2試合から一転、チーム最多の4本のシュートを放った前田は「勝てた試合。申し訳ない。僕のせい」と責任を背負い込んだ。

年間34試合のJ1リーグ戦は、試合数と同じ勝ち点が残留争いのボーダーラインになる傾向がある。混戦だった昨季は、12勝して勝ち点39を積み上げた柏が残留できなかった。引き分けで得る勝ち点は1。勝てば3。「説教をしてもうまくはならない。足りない部分は練習しかない」と反町監督。J1に生き残るために努力を続けるしかない。

前半、シュートを外して天を仰ぐレアンドロペレイラ

連敗止めるも痛恨の勝ち点1

松本山雅 0-0 札幌

第11節 5/12 Home

前半、シュートが外れ倒れ込む前田

松本山雅にとって4年ぶりのJ1も開幕から3カ月。試合を重ねるごとに手応えや自信を深めてきていたが、この日は不意に両頬を張られるような衝撃が待っていた。鹿島に攻守で圧倒され、何もできずに5失点で大敗。田中隼は気落ちした表情を隠せず、「結果を受け止めるしかない」と言葉を絞り出した。

球際の強さと攻守の素早い切り替え。松本山雅の生命線とも言える局面で鹿島の強さが際立った。ボールを失っても高い位置から組織的に圧力をかけて奪い返し、五分五分のボールも強い執着心でマイボールにし続けた鹿島。高卒で鹿島に加入して3年間プレーした杉本は「局面で相手にやられてはいけないということ（伝統）がある。そこの差は大きかった」と振り返った。

その特長は織り込み済みだった。試合映像を入念に分析し、練習とミーティングを通じて対策と準備を怠らなかったが、「想像以上。映像で見たものよりもレベルの高さを感じた」と反町監督。今井は「自分たちが得意な部分で負けたくはなかったけれど…」と唇をかんだ。

鹿島は点差が開いても圧力を緩めず、攻撃的なポジションの外国人選手も手を抜かない姿勢がはっきりと見て取れた。もとより、技術や精度では相手を上回れない松本山雅にとって、プレーの強度や連続性で後手に回っては勝機は皆無に等しくなる。

これまでは負けても前を向いてきた選手たちが、試合後の控室では下を向いたり肩を落としたりする姿が目立ったという。4試合続けてゴールも勝利もない状態で次節ぶつかる相手は、今季ホーム5戦全勝の名古屋。気持ちを立て直し、強い意志で団結しなければ、勝利は遠ざかるばかりだ。

前半25分、鹿島・レオシルバ(4)に先制され
悔しそうな表情の田中隼(左から3人目)

鹿島 5-0 松本山雅

第12節 5/18 Away

鹿島の伝統に屈す

前半16分、先制ゴールを決め、前田と喜ぶ杉本（左）

名古屋 0 - 1 松本山雅

第13節　5/26　Away

前田と杉本 勝利の扉開けた

J1通算400試合出場

田中隼が名古屋戦で達成。史上24人目

後半、右サイドに出たボールに食らい付く田中隼(右)

4月20日の鳥栖戦を最後に、ゴールからも勝利からも遠ざかっていた松本山雅。前半16分。今季ホームは無失点で5戦全勝の名古屋を相手に、長いトンネルから抜けるゴールをもぎ取った。

序盤から名古屋に押し込まれ、この場面もペナルティーエリア内で飯田と藤田が食い止めたボールが起点だった。こぼれ球を拾った杉本は「チームとして右サイドのスペースを意識していた」と、そこで待ち受けていた前田にパスを通す。「スピードに乗れば取られない自信がついてきている」と前田。寄せる相手をドリブルで置き去りにし、ゴール正面まで運んで阻まれたところに杉本が詰めていた。

「相手に当てないことを意識した」と杉本。足元に転がってきたボールを左足で狙ったシュートは、ブロックに入ったDFの間を抜けてゴール右隅に吸い込まれた。

この1カ月間で、前田も杉本も決定機を逃し、悔しさをかみしめた場面がある。

0-5で大敗した前節の鹿島戦。古巣相手に意気込んでいた杉本は、前半の先制機でシュートを右に外した。「あれが大きかった。必ず1回はチャンスが来ると思っていたので、それを決めきろうと思っていた」。

0-0で引き分けた前々節の札幌戦。試合後、前田は悔し涙で目を赤くしていた。終盤に相手GKとの1対1に持ち込みながら、武器のスピードを使わず、足先を使ってGKの頭上を狙ったシュートをミス。高校時代も流したことのない悔し涙があふれ出た。

「決定力不足と言われている中で、意地を出せた」と反町監督。長いシーズンを戦う上で、1点や1勝に浮かれてはいられない。それでも、この日の1点と1勝の価値は大きい。

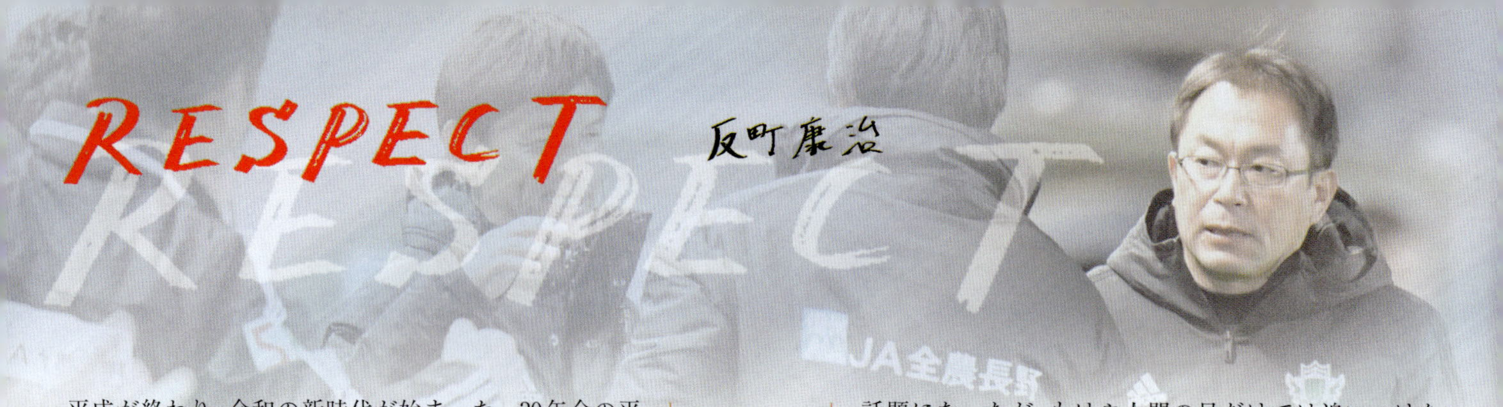

RESPECT

反町康治

新時代も足元見つめて歩む

平成が終わり、令和の新時代が始まった。30年余の平成の大半を、私は選手や指導者としてサッカーに費やした。新たな時代を、日本のトップリーグで戦う松本山雅の監督として迎えられたことをうれしく思うし、ありがたいと思っている。

私が大学を卒業し、全日空に入社したのは昭和62年だった。社会人2年目の1月に昭和から平成に変わったが、会社員としてサッカーを続ける私の立ち位置は何も変わらなかった。

私にとっても日本サッカー界にとっても、平成5年のJリーグ誕生が、平成の最大の出来事だったことは間違いない。日本で初めてサッカーがプロ化され、それまでとは比べものにならない注目を浴びた。プロ選手は自分自身が商品だという考え方に立てば、アマチュアとは自覚や責任の重さが格段に違う。選手としての限界が来たら、サッカーをやめて会社員として生きていこうとしか考えていなかった私にとって、人生そのものを変えてしまう大きな転換点だった。

Jリーグが発足してわずか5年後、日本代表は初めてワールドカップ（W杯）の舞台に立った。以後、ずっとW杯に出続けているし、今では日本の代表チームやクラブチームがアジアのチャンピオンになるまで強化が進んでいる。正直、発足当初は続くのかどうか懐疑的だったJリーグが日進月歩で成長し、世界の扉を開いたということだろう。

サッカーという競技に目を転じると、平成の30年余で急速にスピード化が進んだ。攻撃でも守備でも展開がスピーディーになっているし、シュートスピードも上がっている。平成最後のW杯となった昨年のロシア大会では、VAR（ビデオ・アシスタント・レフェリー）が導入されて話題になったが、もはや人間の目だけでは追いつけないと言っていいだろう。

私は少し前まで、サッカーにVARなどのテクノロジーを持ち込むことに反対だった。手が使えないサッカーは本来、不確実性が高いスポーツだ。サッカーの本質には誤審も含まれていると思っていたからだ。

しかし、最近は考え方が変わった。開催中の欧州チャンピオンズリーグ（CL）でも判定にVARが用いられているが、映像による判定で勝負そのものが変わってしまうようなケースも少なくない。スピードと確実性が高まり、そのことに優れた隙のないチームが上位を占める現状を考えれば、新時代はサッカーによりテクノロジーが導入されていくことになると感じている。

平成9年限りで現役生活を終えた私は、スペインへの指導者留学を経て平成13年に新潟の監督として指導者の歩みを始めた。平成20年には北京五輪男子代表監督として日の丸を付けたチームを率いた。松本山雅の監督に就任したのは平成24年。この信州に初めてJリーグクラブが誕生したのと同じタイミングだ。

J1でわれわれが対峙《たいじ》しているクラブの大半は、平成の前の昭和から活動の蓄積や歴史的な背景がある。それらに比べれば、松本山雅の歩みは始まったばかり。平成をどう生きたかということよりも、令和の新時代をどう生きるかが大切になるのではないか。

新時代を迎え、私自身も初心に帰って身が引き締まる思いを抱いている。できることは、目の前の時代を一生懸命に生きること。監督という立場では、時代の先を見るのではなく、しっかりと足元を見つめて新たな時代を歩んでいきたい。　（5月4日 紙面掲載）

激闘のフィールド

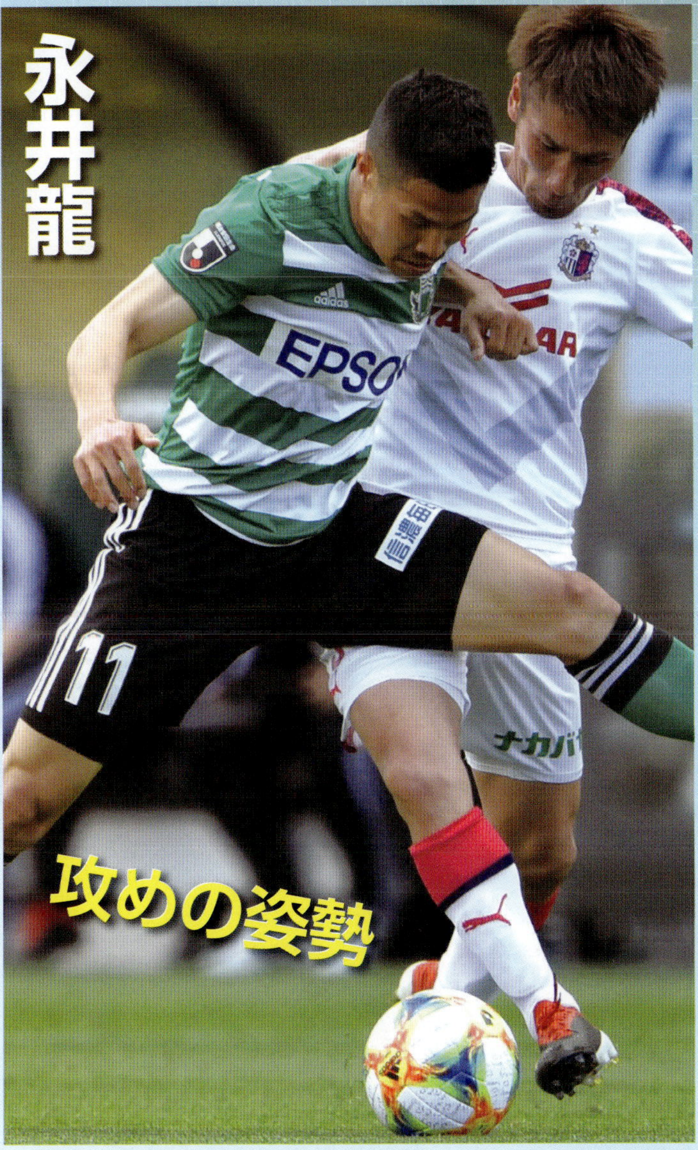
永井龍
攻めの姿勢

C大阪に0-2で敗れたホーム戦(5月4日、サンプロアルウィン)。C大阪出身のFW永井龍が古巣を相手に攻める姿勢を見せた。

この日は6試合ぶりの先発でフル出場。ゴールネットを揺らすことはできなかったが、大柄な相手とも競り合い果敢にゴールを狙った。

町田也真人
難局突破へ果敢な攻め

鹿島に0-5で敗れた試合(5月18日、カシマスタジアム)。途中出場したMF町田也真人が果敢にボールを奪いに行った。

後半14分にMFパウリーニョに代わって出場。交代した時点で松本山雅は既に3点を失った厳しい状況だったが、大柄な鹿島の外国人選手にも素早く立ち回ってボールを奪い取り、攻め込んだ。

煮え切らないドロー

松本山雅 1 - 1 清水

第 14 節　6/1　Home

前節12位の松本山雅と、同17位の清水との勝ち点差は3。現時点ではJ1残留を争う両チームの、勝ちたい執念と負けたくない気持ちが交錯した試合は、PKで1点ずつを取り合って痛み分けに終わった。「結論から言うと、引き分けは妥当」と反町監督。煮え切らない表情は、サポーターの思いを映し出しているようにも見えた。

どちらも攻撃の形がつくれず、前半のシュート数は松本山雅が3、清水は2と低調な内容。隙を見せた方が後手に回る展開で、先に相手のほころびを突いたのは松本山雅だった。

後半20分。レアンドロペレイラが左サイドでボールを奪う。「それまでシュートチャンスがなかった。何としてでもペナルティーエリアに持ち込む意識だった」とドリブルでゴールに迫ると、タックルで止めた相手のプレーに主審の笛が鳴った。2分後、「外したことがない」というPKを冷静に決め、待望の先制点をもぎ取った。

正当なタックルにも見える微妙なプレーでPKを獲得した松本山雅。先制後、橋内は「後ろの選手たちでエリア内のプレーは気を付けようと話した」という。主審が平等を期すため、試合の中でPKの基準を緩めることがあると踏んでいた選手たち。後半33分、清水のドウグラスを止めたGK守田のプレーがファウルを取られ、PKで追い付かれた。

この試合を含め、6月に組まれている前半戦最後の4試合のうち3試合が、現状で松本山雅より順位が下の相手。言うまでもなく、その勝敗はJ1残留争いの行方を大きく左右する。2週間後の次戦は、南米選手権に出場する日本代表の前田を欠き、16位の仙台と当たる。チームは前半戦の正念場を迎える。

後半22分、先制のPKを決め喜ぶレアンドロペレイラ（右）

後半22分、先制のPKを決めるレアンドロペレイラ

喜ぶ仙台の選手を横目に肩を落とす選手たち

ルに触れないと何も始まらない。前に張っていられなかった」と自陣やサイドのスペースに流れてしまい、攻撃のスイッチを入れるタイミングは生まれなかった。

第10節前後から、高い位置から圧力をかける守備戦術をやめ、自陣でブロックをつくる守り方に変えている。攻撃面では、どこでスイッチを入れるのか、どう攻めるのかがはっきりしない。リーグ戦は残り2試合で折り返し。持っている力を出すための、明確な方向性がほしい。

後半、ゴールを狙う田中隼(3)ら

攻撃のスイッチ入らず

松本山雅 0 - 1 仙台

第 15 節　6/15　Home

鹿島戦や川崎戦のように、相手との力量差に屈して敗れた試合はある。J1降格圏に沈んでいた仙台をホームに迎えたこの日はどうだったか。同じ敗戦でも、松本山雅は自分たちの力を出すことなく敗れた。3連敗を喫した第5節に並ぶ、今季ワーストの14位まで後退した。

仙台はサイドで数的優位ができるシステムの利点を生かし、前半からサイドを起点に攻めた。松本山雅はゴール前で何とかはね返していたが、前半36分、自陣左からのクロスが右に流れ、再び送り込まれたクロスに対して大外の選手をフリーにして失点。この1点が、「結果的に全てだった」(今井)と重くのしかかった。

前節から空いた2週間を使い、松本山雅が力を入れたのは攻撃の組み立てを整理する練習だった。反町監督は「攻撃のスイッチを入れるタイミングを見つけるため」と狙いを説明。しかし、その狙いが試合の中で形をなす場面はなかった。

サイドで押し込まれるため、攻撃的な1.5列目の永井と杉本も自陣深くまで戻って守備をする。ボールを奪っても、前線のターゲットはワントップのレアンドロペレイラだけ。レアンドロペレイラは「ボー

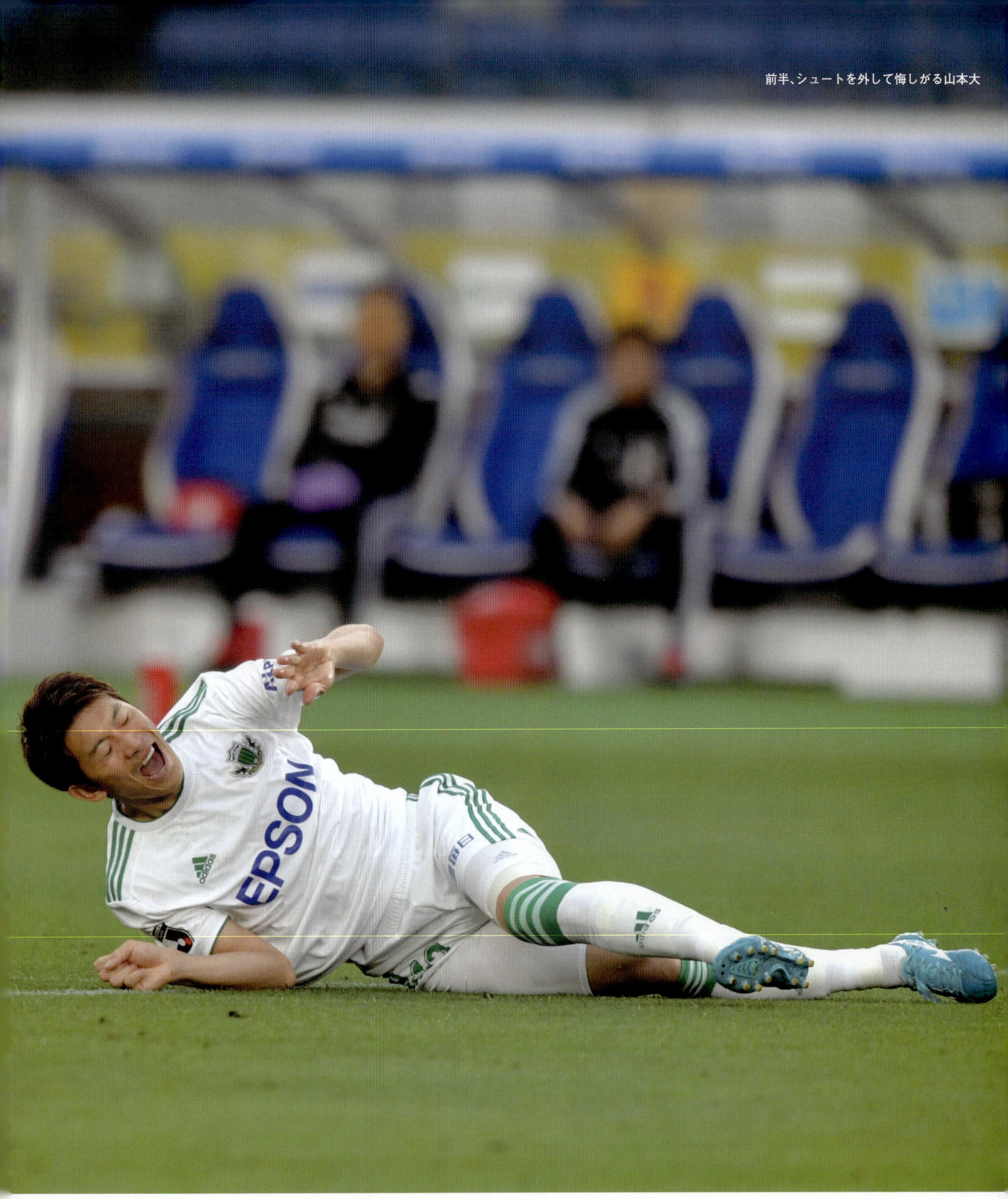

前半、シュートを外して悔しがる山本大

戦い方変え 原点回帰へ

横浜M 1-0 松本山雅

第16節　6/22　Away

2連敗。今季9度目の無得点。16位後退…。松本山雅に突きつけられた現実は厳しい。しかし、弱気で消極的な姿勢が目立った最近の試合に比べれば、この日は別人のようでもあった。「こういう試合を続けていけば、必ず光は差してくる」。試合後、選手たちにそう声を掛けたという反町監督の言葉からは、原点回帰の決意がにじむ。

攻撃の核だったレアンドロペレイラを外し、山本大を今季初起用。2トップにシステムを変えるためというよりも、戦い方そのものを変えるためだろう。高い位置から相手ボールに繰り返し圧力をかけ、奪ったボールで守備ラインの背後を狙う。終始劣勢だったが、チームの意図は明確に見えた。

「前から守備にいって、攻撃では裏を狙う回数を増やす」という使命を実直にやり続けて山本大は「やるべきことはやれた」と話す。2トップを組んだ永井も「自分たちらしさは出せた。次に向かっていける内容」。激しく粘り強い守備と、ワンチャンスを生かそうと迫力を持たせた攻撃とで、勝機はあった。

しかし、「相手は決めて、自分たちはものにできなかった。どんな戦いだろうと結果が全て」と田中隼。前半2分の山本大のシュートは威力不足で、同26分の宮阪の決定機はバーを直撃。後半35分に相手にゴールをこじ開けられると、直後の田中隼の同点機は枠を外した。

無条件でJ1に残留する「トップ15(15位以上)」のラインを今季初めて下回った。前半戦で勝ち点20という目標も達成できなくなった。それでも、「われわれにしかないものがある。それを大事にしていきたい」と指揮官。勝ち点0の中で得たエネルギーを無駄にはできない。

前半、相手のFKを阻む選手たち

チャンス生かせぬ現実

後半、ゴールを狙う前田

松本山雅 1-3 G大阪

第17節 6/29 Home

同点ゴールに沸く松本山雅サポーターの歓声は、直後に勝ち越し点を決めて喜ぶG大阪サポーターによってかき消された。松本山雅に再び追い付く力はなく、3連敗で前半戦を終えた。

シュート数は松本山雅の15に対してG大阪は14。チャンスの数は五分だった。前節から先発が4人変わり、システムも変更したが、高い位置から相手ボールに圧力をかける戦術は継続。前半26分に先制点を許したものの、一体感を持って守れたことで攻撃にも厚みと迫力が生まれた。

前半35分には、宮阪のFKを高崎が頭で折り返し、ゴール正面の飯田がボレーシュート。36分には高橋のパスからゴール前に持ち込んだ藤田が右足で狙った。45分は前田のラストパスから杉本がシュート。そのいずれもが、日本代表GK東口に難なくキャッチされた。

「シュートがもっと際どいところに飛んでいれば…」と飯田。ブラジルで行われた南米選手権から27日に帰国したばかりの前田もフル出場で奮戦したが、「チャンスは相手よりもあった。これが今の現実」とうなだれた。

先発に外国人選手が1人も入らなかったのは今季初めて。複数の主力級がけがで戦列を離れている影響もあるが、補強や選手間競争、それに日々のトレーニングによってシーズン中も向上していかなければいけないチーム力が右肩上がりになっているとは言い難い状況だ。

「あがいて、もがいている。溝が埋められないと諦めるのではなく、何とかしていかなければいけない」と反町監督。シーズンは残り半分。成長曲線を描けなければ、境界突破の目標は遠くかすんでいく。

後半15分、飯田がヘディングシュートを決め、いったん追い付く

RESPECT 反町康治

フル代表・前田に一層の成長を期待

南米選手権（6月14日～7月7日・ブラジル）に出場する日本代表に（前田）大然が選出された。われわれもJ1のチームだから、そういう選手が出てきたのは当然の立場だとも言える。それでも、大然が高校を卒業して松本山雅に入り、いろいろなことを経験して成長し、フル代表までたどり着いたことは監督としてうれしく思う。

高校3年生の大然が、われわれのチームに初めて練習参加したのは2015年の年末も押し迫った時期。進路が決まらず、他に行くところがないという状況だった。短期間で全ての力を把握できたわけではないが、「ゴールに直結するラン（走り）ができる」という第一印象を持った。これは選手として当たり前に聞こえるかもしれないが、実はFWとしてすごく大事なこと。大然はその感覚を持っていた。

プロ1年目は不器用さだけが目立った大然を成長させたのは、試合経験だ。外で経験を積ませるため2年目にJ2水戸に期限付き移籍し、そこで数多くの試合を経験した。自分のストロング（強み）やプレースタイルを見つけ出し、自分なりの感覚を持つようになった。3年目に松本山雅に戻り、チームのスタイルの中に入ってこられるようになった。

私はこれまでに、足が速かったり技術に優れていたりする選手を何人も見てきた。しかし、その全てが選手として大成したわけではない。選手の成長を大きく左右するのは、その選手が持っている人間性に他ならない。大然には、吸収しよう、成長しようとする姿勢がある。真面目で物事を前向きに捉え、課題を自分自身で感じ取ってすぐに改善しようと取り組めるし、何よりも人の話を素直に聞くことができる。その人間性が、大然の成長を支えていることは間違いない。

今や主力選手の大然が、日本代表活動のため短くない期間、チームを離れることは短期的に見れば松本山雅にとってマイナスだ。選手層の厚いビッグクラブと、われわれのようなスモールクラブとでは、主力選手1人の存在感は比重が全く違う。現場の全責任を負う監督として、大然を代表に送り出すことにジレンマがあるというのが正直な思いだ。

しかし、大然個人やクラブの将来を考えれば、日本代表に送り出すことは間違いなくプラスになる。高い志を持ってサッカーに取り組む選手のチャンスを、クラブの都合でつぶしてしまっていいわけがない。

（2008年）北京五輪男子代表監督を務めていた時、私は選手を選ぶ側の立場だった。選ぶというよりも、それぞれのクラブに対して選手を貸してもらうという感覚に近い。国内各地のJクラブ、時には欧州にまで足を運び、クラブの関係者と交渉し、頭を下げて回った。拘束力がない大会や合宿に選手を出してくれないクラブもあった。ある意味、それは当然の話。優勝争いや残留争いをしているクラブにとって、大事な時期に主力選手を代表活動で欠くことは死活問題だ。日本サッカー協会が勝ち点を補塡《ほてん》してくれるわけではないのだから。

J1での生き残りを懸けて戦っているわれわれにとって、無駄にできる試合は一つもない。その状況で大然を欠くことの影響の大きさは、改めて言及するまでもない。それら全てを踏まえて、大然には、いい経験をして成長して帰ってきてもらいたい。帰ってきた時に、松本山雅でのポジションがなくなっているような状況を、私も選手たちもつくらなければいけない。　（6月7日 紙面掲載）

激闘のフィールド

エドゥアルド

全力出し切る

横浜Mに0-1で敗れた試合(6月22日、日産スタジアム)。今季新加入のDFエドゥアルドが11試合ぶりに先発出場。フル出場で全力を出し切り、試合終了の笛が鳴ると、しばらくピッチに座り込んだ。

この日は前節で右膝を負傷したDF橋内優也に代わって出場し、攻守にわたって活躍した。前半には得点につながらなかったものの、シュートを放った。後半は何度も相手選手に食らいつき、攻撃を阻む姿が目立った。

高橋諒

3戦ぶり先発で存在感

清水と1-1で引き分けたホーム戦(6月1日、サンプロアルウィン)。3試合ぶりに先発したMF高橋諒が正確なパスを送ったり、積極的にゴールを狙ったりしてチームに勢いを与えた。

後半27分、左サイドからペナルティーエリア中央のFW前田大然の頭に合わせる正確なクロス。惜しくもゴール右に外れたが、会場を沸かせた。同31分にも左サイドからクロスを上げるなど、ロスタイムで途中交代するまで好機を演出した。

前半31分、同点ゴールを決め駆けだす當間（右から２人目）

札幌 1-1 松本山雅

第18節　7/7　Away

気持ちで勝負が決まるなら、技術や戦術はいらない。ただ、目の前の相手に実力で劣るなら、熱い気持ちがなければ勝負にならない。「意地や松本の魂が随所に出た」と松本山雅の反町監督。敵地で臨んだ後半戦の初戦は、気持ちで勝ち点1をもぎ取った。

今季、前半15分までの失点はなかったが、この日は7分にあっさりと先制点を奪われてしまった。J1リーグ戦は3連敗中で、7月3日の天皇杯では格下のJ3八戸に苦杯をなめた松本山雅。一気に崩れてもおかしくない状況だったが、ここで選手たちは踏ん張った。

「失点した後にロングボールで逃げてしまったら試合は決まる。しっかりとボールを保持して、攻撃を見直す意識だった」と當間。先制したことでペースダウンした札幌に対して、ボールを動かしながらサイドの深い位置に起点をつくる攻めを繰り返して流れを引き寄せた。

前半31分、宮阪が蹴った右CKを高崎が頭で折り返すと、その混戦に飯田と今井が次々と飛び込み、ボールは當間の足元に。冷静に右側に持ち出して右足を振り抜いたJ1初ゴールで試合を振り出しに戻した。

八戸に敗れた翌日、反町監督は練習前に珍しく選手たちをグラウンドに座らせ、「うまくいかないと他人のせいにしていないか。心に隙や甘えがないか」と呼び掛けた。「その通り。自覚や責任が足りていない」と高橋。J1で生き残るために、気持ちの重要性を再確認して臨んだのが、この日の札幌戦だった。

後半は何度もあった札幌の決定機を、選手たちは体を投げ出して食い止めた。「自分だけじゃなく、チームとして一丸となれた」と當間。苦境は変わらないが、チームは再び顔の向きをそろえ、前に進み始めた。

気持ち前に　序盤失点で崩れず

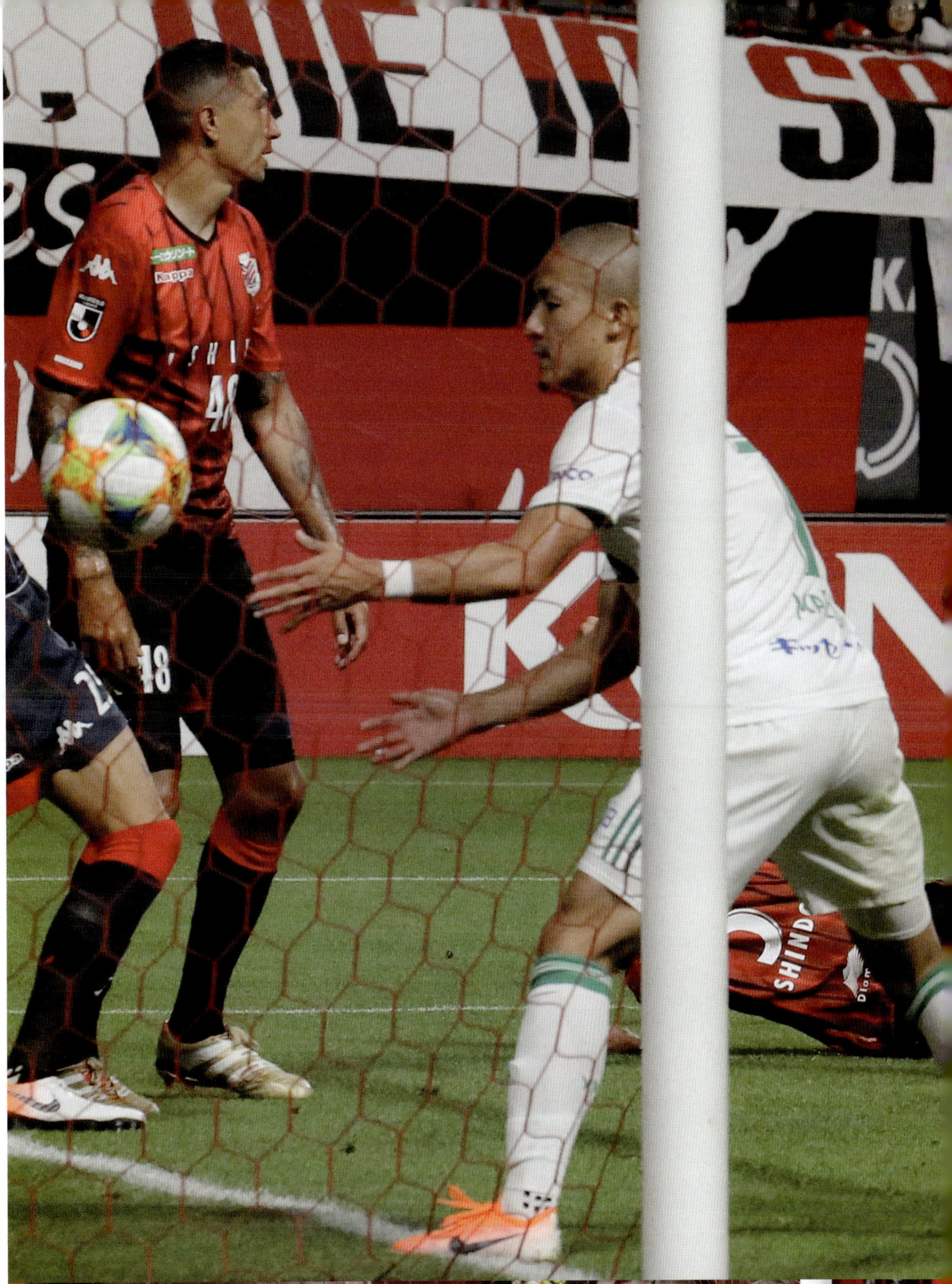

後半、相手の攻撃を防ぐ飯田（中央）ら守備陣

前半7分、前田（手前）が押し込むが、オフサイドの判定でノーゴール

決めるべきところで決められず、一瞬の隙を突かれて失点――。今季、何度も見た光景を、松本山雅はこの日も繰り返した。J1残留を争う磐田に勝ち点3が上積みされ、敗れた松本山雅の立場は厳しさを増した。

前半7分の判定が、試合の流れを左右したと言ったら言い過ぎだろうか。立ち上がりから主導権を握って押し込み、この試合2度目の左CKを得た。宮阪が蹴ったボールを中央の飯田が頭でコースを変え、大外の前田が右足で押し込んでゴールネットを揺らした。

しかし、直後に副審がオフサイドを意味する旗を上げてノーゴールに。オフサイドラインの手前から飛び出した確信がある前田は「何であれがオフサイドなのか」。結果的に、この判定が最後まで重くのしかかった。

今の松本山雅には、この不運を何事もなかったかのようにするパワーがない。前半46分に右CKを高崎が頭で合わせたが相手に阻まれ、後半23分の前田のシュートは枠の外。直後に杉本が狙い澄ましたシュートは、ゴールライン上で相手DFがブロックした。

後半40分。ゴールが欲しくて前がかりになって空いたスペースを使われ、最後は途中出場のロドリゲスの個人技で失点した。「向こうは決めて、こっちは決められなかった。責任がある」と高崎。前田も「決められなかったFW全員の責任」と唇をかむ。

試合に敗れ、スタンドに向かって頭を下げる松本山雅の選手たちに、雨に打たれたサポーターは鼓舞を促す拍手でブーイングを打ち消した。「一人一人が勝ちにこだわってやるしかない。最後まで向上すると信じている」と飯田。顔を上げ、サポーターの思いに応えなければ。

前半、高崎（9）がCKを頭で合わせるも阻まれる

後半、磐田のロドリゲス（左）とボールを奪い合う選手たち

最後まで響いたノーゴール判定

松本山雅 **0-1** 磐田

第19節 7/13 Home

後半25分、同点ゴールを決めて仲間と喜ぶ前田（中央）

に決め、「サポーターの後押しで入った」と興奮した様子で振り返った。

ポルトガル1部マリティモへの期限付き移籍が決まり、この試合が松本山雅での移籍前ラストマッチになるという思いを秘めてピッチに立った前田。「感じたことのない気持ちの高ぶりがあった。今日ゴールを決めることが大事だった」。サポーターに笑顔で手を振り、成長の足跡を刻んだホームスタジアムを後にした。

終了間際、パウリーニョ選手の同点ゴールに歓声を上げるサポーター

粘って2度追い付く

後半ロスタイム、同点ゴールを決めて仲間と喜ぶパウリーニョ（14）

堅守を誇る広島に2度のリードを許しながら、1度目は前田のゴールで、2度目は終了間際にパウリーニョが決めて追い付き、土壇場で勝ち点1をもぎ取った松本山雅。「何とかするんだという気持ちが全員にあった」とGK守田。まるで勝ったかのように沸いたサポーターの歓声が、この勝ち点1の大きさを物語っていた。

松本山雅 2・2 広島

第20節　7/20　Home

後半6分に先制点を許すと、反町監督は16日にJ2山形から加入したばかりの阪野をワントップに投入。前線での動きだしや起点になるプレーが増えたことで攻撃に厚みができ、反撃に転じた。

後半25分。前田が競ったこぼれを阪野が泥くさくキープし、そのボールを田中隼が深い位置までドリブル。「マイナスの位置の（前田）大然が見えていた」と折り返したボールを「くるだろうと思っていた」と前田が右足で決めて追い付いた。

後半40分に勝ち越されたが、サポーターの熱気も選手たちの執念も衰えなかった。掲示された目安のロスタイム4分が過ぎた後半50分。左サイドで相手のクリアを拾った杉本がゴール正面のパウリーニョへパス。パウリーニョは右足でのミドルシュートを警戒して寄せてきた相手を左側にかわし、左足でシュート。鮮やかにゴール右隅

松本から世界へ羽ばたく

前田大然

5.26 名古屋戦

2.23 磐田戦

5.24 松本市かりがねサッカー場

日本代表として臨んだ南米選手権を振り返る松本山雅・前田

南米選手権出場の前田

海外に行かなければ成長しない

サッカー日本代表に初選出され、日本が1次リーグで敗退した南米選手権に出場したJ1松本山雅のFW前田大然(21)が30日、信濃毎日新聞などの取材に応じ、「経験は刺激になったが、レベルの差があった。(移籍で)海外に行かなければ成長しないと感じた」などと、現在の率直な思いを語った。

―ブラジルから27日に帰国し、29日にはJ1リーグ戦にフル出場した。

「しんどかったけれど、それを言い訳にはできない」

―南米選手権は初戦のチリ戦に先発し、第3戦のエクアドル戦で途中出場した。

「味わったことのない雰囲気だった。その中で、体力面も技術面も、日本代表の中でも他の国の選手と比べても、レベルの差があった。何か(手応え)を得た場面はなかった」

―その経験をどう生かすか。

「海外に行かなければ成長しないと感じた。このままでは(来夏の)東京五輪に出られない。正直、(南米選手権に)行くまでは東京五輪のために(海外移籍を)迷っていたが、今は気持ちが固まっている。チャンスがあれば海外に行こうと思っている」

―具体的にどう行動していくか。

「松本山雅にいる以上は、勝ちたいし点を取りたいと思っている」

7月1日付

南米選手権のチリ戦に臨む日本イレブン。(前列左から)久保建、原、中島、前田、柴崎、(後列左から)GK大迫敬、植田、杉岡、中山、冨安、上田＝サンパウロ、6月17日＝共同通信社提供

2016年に高卒ルーキーとして松本山雅に加入し、18年からは主力として活躍してきたFW前田大然(22)が7月、ポルトガル1部リーグ「CSマリティモ」に期限付き移籍した。6月には、県内クラブ所属の男子選手として初めて、年齢制限のないフル代表(A代表)として南米選手権の日本代表に出場。Jリーグ参戦から8年、松本から世界へ羽ばたく選手が誕生した。

大阪府出身の前田は、山梨学院大付高からJ2だった松本山雅に加入。17年に期限付き移籍したJ2水戸で13得点を挙げて注目を集めた。俊足を生かした得点力を武器に18年はJ2初優勝・J1再昇格に貢献した。

昨年からは活躍の場を世界に広げる。パラグアイ遠征でU―21(22歳以下)日本代表に選出され、アジア大会で銀メダル。今年3月のU―23アジア選手権予選(ミャンマー)では2試合で計6得点を挙げた。南米選手権では6月17日のチリ戦に先発し、A代表デビューを果たした。

信濃毎日新聞のインタビューで「海外に行かなければ成長しない」と語っていた前田。ゴールを決めた7月20日の広島戦を最後に、ポルトガルへ向かった。J1残留へ苦戦が続く松本山雅にとって、シーズン途中の離脱による影響は大きいが、前田本人や日本サッカーの将来を見据え、クラブやサポーターは快く送り出した。ポルトガルでは8月25日に初ゴール。11月には20年東京五輪世代となるU―22代表に選出された。

RESPECT

反町康治

外国人選手・指導者に学ぶこと

1993年にスタートしたJリーグには当初、世界的なスター選手が数多くやってきた。現役選手として主に中盤でプレーしていた私は、元ブラジル代表のジーコ（鹿島）にワンタッチで頭上を破られるパスを通され、元オランダ代表のファネンブルグ（磐田）からはボールを奪い取ることができなかった。そういったスター選手を直接見て、対峙《たいじ》できたことは、選手として大きな経験だった。

一時期、Jリーグから世界的なスター選手がいなくなったが、現在はJリーグが「DAZN（ダ・ゾーン）」と放映権の大型契約を結んだことで各クラブへの配分金が大幅に増え、イニエスタ（神戸）やフェルナンドトーレス（鳥栖）らスター選手がJリーグでプレーするようになった。彼らは今季前半戦の試合で、われわれ松本山雅のホームスタジアムにもやって来た。現在は海外クラブに活動の場を移す日本人選手が増えているが、Jリーグでプレーする外国人選手から得るものは以前と変わらずあるはずだ。

私は選手から指導者へと立場が変わっているので、Jリーグ発足当初に目の当たりにした光景と、現在のそれとでは見え方が違う。スター選手が在籍するチームには、スターシステムと呼ばれる戦術が存在する場合がある。スター選手をチームの中心に据え、その選手ありきのチームづくりをすることだ。

例えば、アルゼンチン代表のメッシ（バルセロナ）は、代表チームでもクラブチームでもメッシありきのチームがつくられている。つまり、彼の持ち味を最大限に生かすために、周りの選手が守備の負担や攻撃の役割分担などをメッシに合わせるやり方だ。世界最高峰の選手の一人でもあるメッシには、それだけの価値があるということだが、チームが好成績を残せるかどうかは別の問題だ。

何も世界的なスター選手に限った話ではない。われわれを含め、そのチームにおけるスター選手はどこにでも存在する。その選手をチーム内でどう位置付け、どう強化に生かしていくかは指導者にとって難しいテーマだ。

Jリーグ、特にJ1では多くの外国人指導者が指揮を執ってきた。その中で私が最も影響を受けたのは、ボスニア・ヘルツェゴビナ出身で日本代表監督を務めたオシムさんだ。私は（2008年）北京五輪に臨む年代別日本代表監督を務めながら、オシムさんの下で代表コーチとして多くのことを学ばせてもらった。

オシムさんは、日本人の特性や、選手の個性を生かしたチームづくりをしようとしていた。「ボールホルダー（保持者）を越えていけ」「局面で数的優位をつくらなければ点は取れない」と言っていたことが印象的だ。私も、クラブのバックグラウンド（背景）や選手の能力を大事にしたチームづくりに努めている。

松本山雅は他のJ1のクラブに比べて規模は大きくないが、選手たちがハードワークをしてサッカーを楽しもうとするオリジナリティーが築かれているように思う。そういうサッカーをしている選手たちを見ることは、監督としての喜びでもある。

その姿勢を出せなかった6月の清水戦や仙台戦のような試合は、もうしたくない。躍動感のあるサッカーをピッチで表現していきたい。

（7月5日 紙面掲載）

激闘のフィールド

宮阪政樹

相手の攻撃の芽摘む

札幌と1-1で引き分けた試合(7月7日、札幌ドーム)。貴重な得点の起点となったMF宮阪政樹は守備でも貢献し、相手の攻撃の芽を次々に摘んだ。

前半31分の得点は右コーナーキックから。宮阪の蹴ったボールは弧を描いてFW高崎寛之の頭にぴたり。高崎が落とし、最後はDF當間建文が押し込んだ。

宮阪は自陣ゴール前ではスライディングして相手のシュートコースを消すなど、献身的な守備も見せ、チームを鼓舞し続けた。

阪野豊史

攻撃の起点づくり

広島と2-2の引き分けに持ち込んだホーム戦(7月20日、サンプロアルウィン)。7月16日にJ2山形から加入したばかりのFW阪野豊史が途中出場し、攻撃に厚みを持たせた。

後半14分、FW高崎寛之に代わってワントップに。交代した時点で広島に先制を許していたが、前線でボールをキープしたり、相手から奪い取ったりして、攻撃の起点をつくり、チームの反撃につなげた。

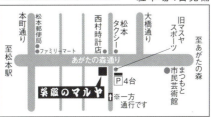

前半、川崎・家長（中央右）の厳しいチェックをかわすセルジーニョ（中央）

全員守備で食い止めた

これまで3度対戦して計7失点で全敗していた川崎を初めて零封し、敵地で貴重な勝ち点1をもぎ取った。松本山雅の反町監督は、「（この内容が）現段階では最高」。最後まで足を止めず、集中力を切らさず、持てる力を出し切った選手たちを素直にねぎらった。

前節から2週間空き、万全の状態だった松本山雅に対し、川崎は9日間で3試合目。J1で2連覇中の王者とはいえ、動きは重く、単純なミスも目立った。それでも、7割近いボール保持率から繰り出す攻撃は分厚い。その攻めを、松本山雅は文字どおり全員守備で食い止めた。

いくつか守備のポイントがあった中で、反町監督が真っ先に評価したのはワントップの阪野だ。川崎のパスコースを消す動きを繰り返し、相手に攻撃のスイッチを入れさせなかった。「ボランチに前を向かせないことを意識した」と阪野。チームに合流して3週間足らずだが、松本山雅の戦術を体得して攻守に存在感を発揮した。

粘り強く守り抜いた守備陣の貢献度は高いが、この試合で特筆するべきはボールを奪ってから前に出ていく時間をつくった中盤や攻撃陣の役割だ。日本代表の前田は移籍でいなくなったが、阪野、杉本、セルジーニョの前線3人は前田にはない持ち味を出し、攻撃の回数を増やすことで守備の回数を減らした。「前にボールが収まったので、思い切って攻撃参加できた」と高橋。この形を継続し、精度を高めていくことが、J1残留の近道になるかもしれない。

J1に生き残るためには、勝ち点1ではなく3が必要だ。ただ、川崎相手に初めて勝ち点を得たこの日のように、半歩ずつでも前進することが何よりも大事。次の相手は前回悔しい引き分けだった清水。勝ち点3へ前進できるか。

川崎 0-0 松本山雅

第21節 8/4 Away

後半、ゴール前へのパスに飛び込むも機を逃し、悔しがる阪野（左）

前半18分、CKのボールを処理しそこなうGK守田(左)。その後清水・ドウグラス(右)に先制ゴールを奪われる

清水 1-0 松本山雅

第22節　8/10　Away

れなかった自分たちが情けない」と田中隼。反町監督も、序盤の好機を生かせず、失点につながるCKを招いたチーム全体を問題視した。

残り時間が十分ある中で、工夫のない硬直的な攻めに終始した結果、放ったシュートはわずかに2本。公式戦は過去7戦無敗だった清水相手に喫した初黒星は、強豪の広島と川崎からそれぞれもぎ取った勝ち点1の価値を小さくしてしまった。

「団結して盛り返さなければいけない。みんなが努力するしかない」と阪野。いま、苦境をはね返す力を出さなければ、明るい未来はない。

大型スクリーンで試合を観戦するサポーター

序盤好機も しのがれ暗転

お互いの順位が示す通り、見どころが少なくミスも多い低質な試合だった。ミスによる1点が勝負を分けたことも象徴的。結果も内容も伴わず、敵地から手ぶらで帰ることになった松本山雅には大きなダメージが残った。

コイントスの結果、前半は攻撃方向を入れ替えて自らのサポーターに向かって攻める陣地を選んだ松本山雅。先行逃げ切りのゲームプランのためで、立ち上がりは狙い通り押し込んだ。サイドの深い位置に起点をつくり、前半6分までに5本のCKを獲得。しかし、この時間帯を清水にしのがれると試合は暗転した。

前半18分。右サイドで失ったボールを、田中隼と今井が奪いきれずに相手に最初のCKを与えた。遠いサイドを狙ったボールに対して、前に出たGK守田がキャッチにいったがファンブル。そのこぼれ球をドウグラスに決められて追う展開になった。

「スキル（技術）を発揮できなかった。自分のせい」と守田。この局面に限れば、守田の自責点だったことは否めない。しかし、周りの受け止めは違う。「彼（守田）には何回も助けられている。今日は助けら

松本山雅
1-1
名古屋
第23節　8/18　Home

攻撃に躍動感
痛恨のドロー

高い位置からの激しい守備がはまり、ゴール前に人数をかけた厚みのある攻撃を繰り返した。後半35分に永井のゴールで均衡を破った松本山雅の試合運びは、満点に近い内容だった。後半ロスタイムの失点がなければ―。

試合開始と同時に、名古屋ボールに対して複数の選手が連動して圧力をかけた。これまでと違ったのは、攻撃に転じた後の流れ。阪野、永井、セルジーニョの前線3人がいい距離感で連係し、好機には中盤の選手もペナルティーエリアに走り込む攻撃には躍動感があった。「ゴールに向かう姿勢は、今までで一番感じたのではないか」と反町監督。主導権は松本山雅が握っていた。

先に試合を動かしたのも松本山雅だった。後半35分。自陣でこぼれ球を拾ったセルジーニョが前を向く。DFラインと駆け引きをしていた永井は「(セルジーニョが)顔を上げたら反応しようと思っていた」と縦に走ると、「いい動きだしをしてくれた」とセルジーニョがスルーパス。相手GKとの1対1に持ち込み、第2節以来となる今季2点目を右足で決めた。

前回の勝利は、5月に敵地で戦った名古屋戦。その時は前半16分の先制点を守り抜いたが、この日は残り十数分間を耐えきれなかった。

後半47分。ロングボールに走り込んだ赤崎をフリーにして失点。対応した橋内が飯田のカバリングに回ろうと一瞬スピードを緩めた「判断ミス」(橋内)で、最後の最後で隙を与えてしまった。

いい試合はしたが、今季の目標であり、無条件でJ1に残留できる15位とは今季最大の勝ち点6差がついた。「上にいくためには勝ち点3を取っていくしかない」と永井。勝利が欲しい。

後半35分、先制ゴールを決める永井

J1で初の逆転劇
残り15分で決めた

自身のゴールで逆転勝ちを決め、笑顔でサポーターの声援に応える高橋(42)

後半30分、阪野(50)が同点ゴールを決める

浦和 1 - 2 松本山雅

第24節 8/23 Away

これまで、J1リーグ戦で一度も逆転勝ちがない松本山雅にとって、先に失点することは勝機をゼロにすることに等しい。敵地の浦和戦は前半19分に失点し、リードを許したまま後半も残り15分。10試合連続未勝利でJ2降格圏に沈むチームが、ここから試合をひっくり返した。

後半20分。反町監督は最初の交代カードとして町田を投入した。同時に、前線をワントップから2トップに変更。巧みにスペースを使う町田の持ち味と、攻撃に厚みを持たせた布陣がかみ合い、終盤の逆転劇につながった。

後半30分。中盤でパスを受けた町田がボールを運ぶ。「ゴールに向かいたかったけれど、(高橋)諒は1対1が強い」と左の高橋にパス。相手に縦のコースを消されていた高橋は、利き足とは逆の右足にボールを持ち替えてクロスを入れた。

これを、浦和でプロデビューした浦和ユース出身の阪野が頭でねじ込んだ。「ペナルティーエリアの中で勝負すれば勝てる自信はあった」と阪野。J2山形から7月に移籍加入した29歳のJ1初ゴールが、チームの勢いを加速させた。

前節の名古屋戦は、1点リードの後半ロスタイムに失点して勝利を逃していた。「今日は何としてでも勝ち点3」と高橋。後半38分、右サイドで町田からパスを受けた永井が縦に仕掛けてからクロス。「無意識だった」という高橋が遠いサイドに走り込み、右足で豪快に逆転ゴールを蹴り込んだ。

勝利が決まった瞬間、ベンチのスタッフや選手たちが肩を組んで輪をつくり、喜びを爆発させた光景が、3カ月も勝てなかった苦しみの大きさを物語っていた。「光は見えている。それを何とかつかみたい」と反町監督。残り10試合。勝負はここからだ。

攻撃を組み立てられず

ま残り9試合の現状を直視すれば、次への手応えや収穫を得て顔を上げる段階は過ぎている。「勝ち点3を取らなければいけない」と田中隼。それは選手だけでなく、松本山雅にかかわる全ての人たちの思いだ。

松本山雅 0-0 大分

第25節　8/31　Home

試合中声援を送る松本山雅サポーター

前半、大分の攻撃を阻む選手たち

ホームで4カ月ぶりの白星、さらに今季初の連勝を懸けて臨んだ試合は、引き分けに持ち込むのがやっとだった。「勝ち点3に値するゲームではない」と松本山雅の反町監督。勝ち点1を上積みしてもJ1残留ラインが遠のいた現実が、勝ち点3の重みを再認識させた。

ボール保持率は3対7。主導権を握られる展開は織り込み済みで、相手ボールに食い付きすぎず、我慢強く守る形は想定通りだった。「チームで決めたことを80分(後半35分)まではうまくできた」と飯田。問題は、90分間のうちの3割しかなかったマイボールの時間帯で有効な攻撃ができなかったことだ。

攻撃的な1.5列目の永井とセルジーニョが守備でサイドに開いてしまうため、ボールを奪っても前線にはワントップの阪野が孤立している状況。それでも、直近の名古屋戦や浦和戦のように「(パスで)もう一つ二つ動かせればよかった」(宮阪)が、この日は組み立てが機能せず、苦し紛れに前線に送ったボールを失う繰り返しだった。

「自分のところでボールを失いすぎた」と永井。「チーム全体が、もっと前にチャレンジできればよかった」と阪野。守備のバランスを崩してでもゴールを狙う姿勢は最後まで見られず、指揮官は「(手を打つことは)正直、難しかった」と振り返った。

J1残留のために勝利を積み上げていくしかないチームは、攻撃の練習を増やし、試合でも成果が出つつある。ただ、降格圏に沈んだま

RESPECT

反町康治

J1生き残りへ覚悟を持って

当たり前のことだが、何事にも覚悟を持って取り組めるかどうかで真剣さの度合いが変わってくる。ポルトガル1部マリティモに期限付き移籍した（前田）大然にも、「甘えがあったら絶対にうまくいかない。自分の生きる道はここにしかないと覚悟を持って臨まなければいけない」と話して送り出した。新しい環境に飛び込むためには大きな覚悟が必要だ。

私は今回、移籍しようとする大然を慰留した。チームを預かる監督の立場と、大然にとって最善の将来を考える指導者の立場の双方から、日本のトップリーグで試合に出ている現在の状況の方が彼を成長させると思っているからだ。それでも、大然は海外に行く決断をした。大然は芯がしっかりしている人間だ。海外移籍で調子に乗るようなことはないだろうし、近い将来と遠い将来の目標を持っている。だから私は、最後は大然の覚悟を尊重した。

大然と入れ替わるように、阪野と高木の2選手が新たに加入した。ともにJ2クラブからの移籍だが、山形でプレーしていた阪野はチーム最多得点をマークしていた中心選手だ。このタイミングで新しい環境に身を置く決断をしたのは、自分が背負っているものを力に変える覚悟があるのだと捉えた。

まだ短い時間だが、阪野の姿勢を見ていると自分自身に甘えがない。そういう心意気がある選手を私は重宝したい。試合で起用するかどうかは別の問題で、今後の彼のパフォーマンスに懸かっているが、阪野の強い気持ちがチームメートに伝わり、チーム全体が活性化することを期待している。

現場の全責任を負っている私にも覚悟がある。よく「目標の勝ち点はいくつですか」と聞かれるが、その質問に答えることは難しい。私にとっては目の前の1試合が全て。2週間後の対戦相手に目を向けることもできないのに、1年間でどれだけの勝ち点を獲得したいかなど考えられない。

7月の第1週は水曜日に天皇杯全日本選手権の八戸戦があり、日曜日にJ1リーグ戦の札幌戦が控える日程だった。J1で生き残ることが最大の目標であるわれわれにとって、八戸戦よりも札幌戦の方が大事だということは皆さんにも分かっていただけるだろう。しかし私は、八戸戦の前に札幌戦の対策を練るようなことはできなかった。結果的に負けてしまったが、八戸戦のぎりぎりまで勝つ可能性を少しでも高める努力をしていた。

（2012年に）松本山雅の監督を引き受けた時も覚悟が必要だった。私は新潟と湘南を率いてJ1でも戦い、（08年）北京五輪では男子代表監督として国際舞台も経験した。それと比べ、当時の松本山雅はJFL（日本フットボールリーグ）からJ2昇格を決めたばかりの未完成で発展途上のクラブ。言ってみれば、ゼロからチームをつくっていくという難しさがあった。最初からJ1昇格がマスト（必須）の条件だったなら、私は松本山雅の監督を務める覚悟が持てなかったかもしれない。

松本山雅は今季、「境界突破」という目標を掲げている。それは、J1に初めて挑んだ4年前は果たせなかった、J1に生き残るという目標だ。そのために、私もスタッフも選手たちも、目の前の試合に向けて全力を尽くしている。開幕前から分かっていたことだが、状況は厳しい。現状を打破するためにできることは、毎日の練習の積み重ねしかない。目標を達成するために何ができるか。それを日々考え、覚悟を持って取り組んでいく。

（8月2日 紙面掲載）

激闘のフィールド

町田也真人
逆転劇を演出

2-1で浦和に逆転勝ち(8月23日、埼玉スタジアム)。MF町田也真人は果敢に相手選手のボールを奪いに行った。訪れた約4000人の山雅サポーターは11試合ぶりの白星に沸いた。町田は後半20分、MF藤田息吹に代わって投入された。華麗なドリブルと的確なパスコースの選択で攻撃のリズムをつくった。後半30分のFW阪野豊史の同点ゴールや、同38分のMF高橋諒が決めた逆転ゴールも町田のパスからつながった。

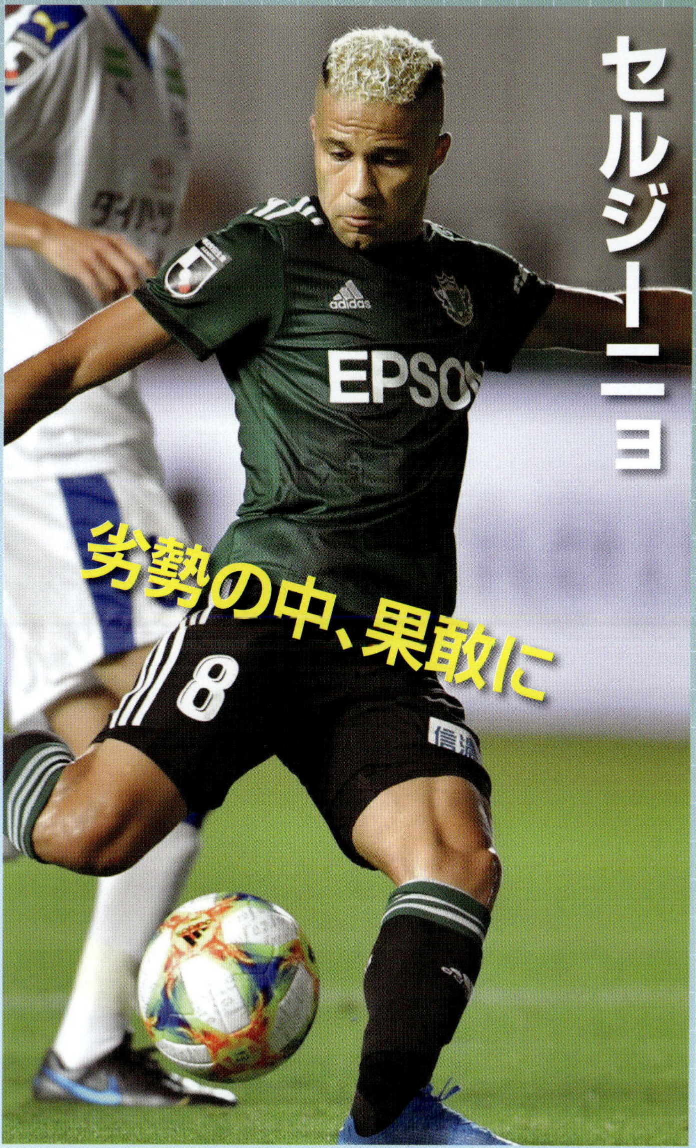
セルジーニョ
劣勢の中、果敢に

大分と0-0で引き分けたホーム戦(8月31日、サンプロアルウィン)の試合。MFセルジーニョが攻撃に厚みを持たせた。

前半にはシュートを放ったが惜しくも外れた。後半も相手選手と競り合い、素早い動きでチャンスをつくった。大分に押され気味の試合展開となり、山雅が攻撃に割ける時間は限られる展開だったものの、相手守備陣をかわして果敢に攻め込んだ。

前半13分、神戸・ビジャ（左）に先制ゴールを許す飯田（中央）、橋内（右）

神戸、清水、G大阪、仙台。下位の混戦の中にいたチームが今節は軒並み勝利し、勝ち点を30台に乗せた。残り10試合を切り、尻に火が付いたチームが残留争いから抜け出す一方で、勝ち点24の松本山雅は神戸に敗れ、降格圏に取り残された。

この試合、反町監督は阪野と中美による2トップの下にセルジーニョを置く布陣を採用した。神戸ボールをサイドに追いやって奪い取る狙いだったが、前半13分という早い時間帯に失点したことで思惑は外れた。「特に前半は全くプレスがはまらなかった」と中美。狙った形でボールを奪えず、奪ったボールもミスですぐに失う負のスパイラルに陥った。

先制点を許した場面は、狙い通りサイドにボールを運ばせていた。だが、そこで相手の連係と技術に対応できず、パス1本でビジャに仕掛ける形をつくられると、飯田と橋内による2人がかりの対応をものともしない世界レベルの技術でシュートを射抜かれた。

前節の大分戦は攻撃で有効なパスをつなげられない課題が残ったが、この日はつなごうとしてもミスで組み立てられなかった。「イージーなミスが多すぎた」と藤田。「パスを出して動く回数が少なかった」と橋内。ようやくゴールをこじ開けたのは、2点のビハインドとなって迎えた後半ロスタイムだった。

無条件でJ1に残留できる15位との勝ち点差は7に開いた。残り8試合という状況から考えれば、プレーオフに残留の望みをつなげる16位が現実的な目標になる。「ここからは強いメンタリティー（精神力）を出していかなければいけない」と反町監督。底力を発揮するのは今しかない。

ボール奪えず
負のスパイラル

前半、中美(中央)がシュートを放つも阻まれる

松本山雅 0 - 0 FC東京

第27節 9/29 Home

後半、ゴールを狙う町田(右)

「近いようでまだ遠い」得点

「首位相手に善戦」なのか、「無得点で勝ちきれず」なのか。春先の前半戦ならば間違いなく評価は前者だが、J2降格圏で残り10試合を切った現状では後者の印象が強く残る。「立場から言うと、勝ち点3を取らなければ」と松本山雅の反町監督。多くのチャンスをつくっただけに、悔しさが先に立った。

前節から先発を4人も入れ替えたのは、2連敗中だった第17節以来で今季最多。2週間の準備期間を使ったFC東京対策と、「これからは調子のいい選手を登用していく」(反町監督)という方針による大幅な入れ替えで、その狙いには一定の成果があった。

4バックと、その前の4人の2列で自陣に強固なブロックをつくるFC東京。その狭いスペースでボールを受け、複数の選手が走力を生かしてゴールに迫る狙いで採用した新たな攻撃陣には躍動感があった。

しかし、ゴールが生まれない。前半10分、藤田と杉本でボールを奪うと、セルジーニョ、永井を経由して右サイドを駆け上がった町田にパスが出た。右足で「力を抜いて打てた」(町田)が、シュートは枠の左へ。後半26分には、左CKの流れから町田のクロスを永井が頭で狙ったが、バーを直撃した。永井は「難しいシュートでも枠に入れなければいけなかった」と天を仰いだ。

両チームのシュート数はほぼ同じだが、「得点のにおいがするのはわれわれの方だった」と反町監督。攻撃に割く練習時間を増やし、点を取るための戦術や選手を選んだことが、ゴールへの距離を近づけたと言える。一方で、「得点は近いようでまだ遠い」と永井。残りは7試合。善戦で良しとしているならば、J2降格は避けられない。

中盤が奮闘、守備粘り強く

4月の前回対戦では2得点を許したFC東京を、この日は粘り強い守備で零封。中盤で相手の自由を奪い、カウンター攻撃に対する準備も怠らなかった。アンカーに入った藤田は「パスを入れさせない意識で動くことができた」と納得の表情だった。

中盤の両サイドは高い位置につり出されず自陣のスペースを消し、守備の時は横一列に並んだ町田、藤田、杉本の中盤3人が献身的に動いて相手の攻撃にふたをした。

後半18分に決定機を阻止したGK守田は「中盤の選手の頑張りが(失点)ゼロに結び付いた」。3バック中央の飯田も「相手の2トップが真ん中にいない状況を(中盤の選手が)つくってくれた」と、中盤の奮闘に光を当てた。

後半、セットプレーを阻む選手たち

RESPECT

反町康治

クラブの価値高める「トップ15」

夏の移籍期間で4人の選手を獲得したが、他にも声を掛けた選手はいる。ただ、結論から言えば他クラブと競合した選手は1人も獲得できなかった。それは、シーズン前の編成でも同じ。ある日本代表経験者には、われわれが最初にオファーしたが、後から獲得に乗り出した数クラブと競合し、われわれを選んでもらえなかった。これが、現時点での松本山雅の立ち位置だ。

J1で優勝争いができる、資金的に恵まれている、クラブの規模や練習環境はどうか…。選手が自分自身の将来を考えて身を置くクラブを選ぶ時、われわれはJ1の中でボトム（底辺）だろう。何もクラブだけの問題ではなく、私が長く指揮を執っていることによるマイナスがあるのかもしれない。

昨季のJ2で初めて優勝し、今季は4年ぶりにJ1の舞台に立っている。周囲の下馬評はどうだったか。お世辞にも高かったとは言えないだろう。共に昇格した大分は、予算規模こそ松本山雅より小さいかもしれないが、J1での経験値は高く、育成組織からは西川（浦和）や清武（C大阪）、東（FC東京）ら日本代表選手も輩出している。大分と競合して獲得できなかった選手もいる。

この立ち位置の違いは、強いチームをつくる上で苦しい。獲得したい選手に声を掛けて、返事を待っている間は同じポジションの他の選手に声を掛けるわけにはいかない。後日、オファーを断られた時には既に移籍市場に有望な選手が残っていない。それが現状だ。

しかし、選手が100人いたら100人とも同じかと言えば、決してそうではない。われわれのような立ち位置のクラブだからこそ、やりがいを感じてくれる選手もいる。前回の「RESPECT」でも触れたが、この夏にJ2山形から移籍した阪野は、シーズンの残り半分でもJ1で自分の力を試してみたいと考えたのだろうし、北京五輪で共に戦ったミズ（水本）は、J1でもう一花咲かせたいという気持ちが強かったのだろう。いろいろな条件を度外視し、このクラブに来てくれた選手には感謝の思いがある。同時に、その強い思いをくみ取って残りのシーズンを戦わなければという私自身の思いも湧いている。

このクラブの将来像を描くことは、監督である私の役割ではない。それでも、2012年に参戦したJリーグでそれなりに成績を残し、環境や立ち位置を少しずつでも変えてきたことを考えれば、われわれにもできることがある。つまり、J1に生き残ることだ。

「DAZN（ダ・ゾーン）」による多額の放映権料の配分は、J1とJ2とでは大きな差がある。その資金を得続けるメリットは非常に大きい。J1に残留すれば選手からの見られ方も変わる。かつて私が監督を務めた新潟は、初のJ1昇格から14年間、J2に降格することなくJ1で戦った。クラブの規模は、現在の松本山雅と大差なかったはずだ。J1に生き残り続けることの重要さは身をもって分かっているつもりだ。

リーグ戦は残り10試合を切り、そろそろカウントダウンが始まるだろう。17位という現在の順位は、シーズン前に掲げた目標「トップ15」に届いていないし、このままではJ1に残留できないことも分かっている。チームを預かる人間として、残りの短期間でもチームが向上することだけを考え、目の前の勝利に向かって全力を尽くす決意は変わらない。

（9月6日 紙面掲載）

激闘のフィールド

永井龍

FC東京と0-0で引き分けたホーム戦(9月29日、サンプロアルウィン)。互いにゴールネットを揺らすことはできなかったが、FW永井龍の果敢に攻める姿が光った。

後半9分、ペナルティーエリア手前からゴール左隅を狙ってシュート。惜しくも相手GKに阻まれた。後半26分にはMF町田也真人のクロスに頭で合わせるも、ゴールの枠に嫌われた。得点には至らなかったが、相手を脅かすプレーで会場を沸かせた。

水本裕貴

仙台と敵地で対戦(10月5日、ユアテックスタジアム仙台)。先制点を守り、無失点に抑えたDF水本裕貴ら守備陣が活躍した。1-0で4試合ぶりに勝利し、J1残留に向けて勝ち点3を積み上げた。

前半2分、MFセルジーニョが豪快な一撃で先制ゴール。その後も追加点を狙ったが得点につながらず、徐々に防戦の展開に。水本らは長身の相手FWと激しく競り合い、体を張った守備で猛攻をしのいだ。後半にかけて苦しい時間が続いたが、サポーターの鼓舞を背に1点を守り切った。

藤田息吹

鹿島と1-1で引き分けたホーム戦(10月18日、サンプロアルウィン)。先制しながら追い付かれる展開となったが、MF藤田息吹がダイビングヘッドでのクリアや、随所でパスカットを見せ、相手の攻撃の芽を摘んだ。

相手のカウンター攻撃が始まると、反応良く全力疾走でボールをクリア。献身的な守備で奪ったボールを味方につなぎ、攻撃の糸口になるプレーも目立った。

仙台 0 - 1 松本山雅

第28節　10/5　Away

一丸で泥くさく守り抜く

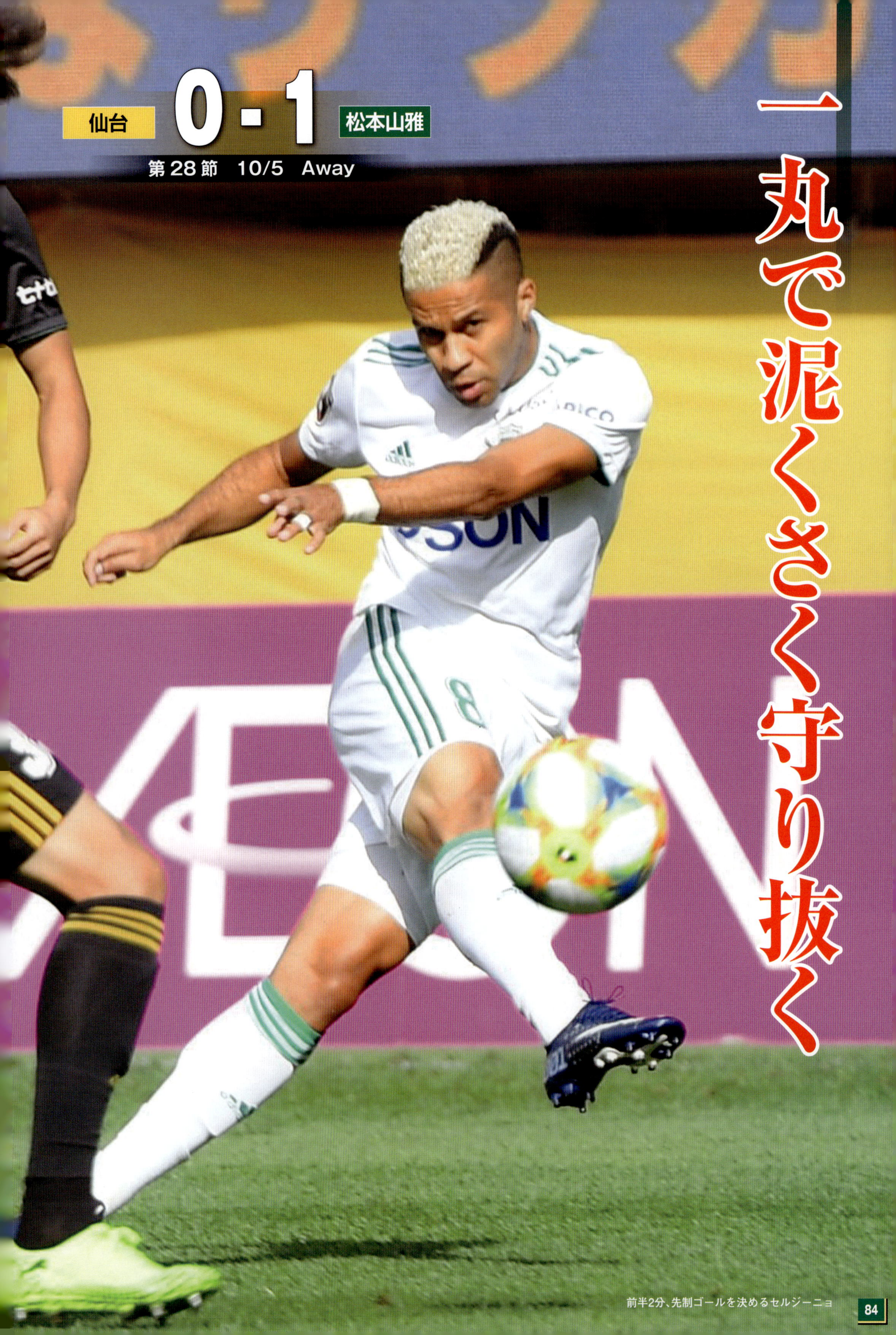

前半2分、先制ゴールを決めるセルジーニョ

後半、シュートを阻むGK守田

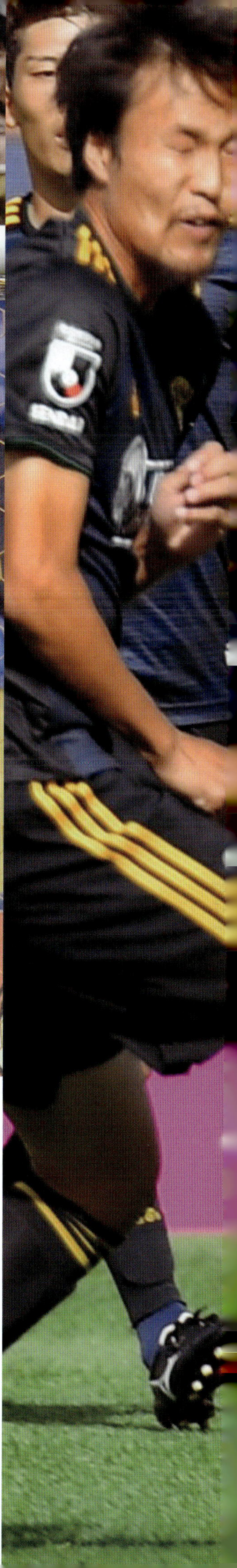

前半30分すぎからの60分間は、仙台の猛攻を受け続けた松本山雅。192センチの長沢と185センチのハモンロペスを目がけたクロスから18本ものシュートを浴びたが、前半2分にセルジーニョが決めた虎の子の1点を守りきった。「みんなでつかみ取った勝ち点3」と反町監督。順位も立ち位置も変わらないが、J1残留争いに踏みとどまる大きな勝利になった。

サイドの高い位置で起点をつくり、精度を欠いてもゴール前にクロスを送り続けるのが仙台の攻撃スタイル。松本山雅は6月の前回対戦で、その形から失点して敗れている。反町監督は「サイドは諦めて真ん中勝負」と腹をくくり、ゴール前で体を張る泥くさい守備戦術を選んだ。

その作戦を、水本、飯田、橋内の3バックと、GK守田が最後まで集中力を切らさず遂行した。「危ないシーンもあったけれど、相手に体を寄せて自由にやらせなかった」と水本。積極的に前に出てハイボールをキャッチし続けた守田は「それが自分の持ち味。チームとして守りきることができた」とうなずいた。

先制後も続いた攻勢の時間帯で追加点を奪えず、「クロスを上げさせないことが一番」(水本)という守備ができなかったことで、最後まで肝を冷やす展開を強いられた。しかし、好内容で勝ち点1だった前節のFC東京戦と、苦しみながら勝ち点3を得た仙台戦のどちらが今の松本山雅に必要かと言えば、答えはおのずと決まる。

今季は、2度対戦して勝ち点0だった相手が一つもない。最初の対戦で敗れた反省を生かし、同じ過ちを繰り返さないことはチームの強みと言える。次の相手は、5月に0−5で大敗した鹿島。反町監督は「最高の試合ができるように準備したい」と強調した。

「理想の展開」一転
猛追にドロー

松本山雅 1-1 鹿島

第29節　10/18　Home

前半9分、先制ゴールを決め走りだす永井

平日開催にもかかわらずチケット完売。入場者数は今季最多の1万9479人。残留争いも優勝争いも大詰めの終盤戦で首位の鹿島をホームに迎えた松本山雅は、その熱気に勝利で応えることはできなかった。

鹿島は多くの主力がけがで不在。前節から先発を7人も入れ替える苦しい陣容だった。しかし、それを差し引いても前半の松本山雅の出来は秀逸。相手の攻撃をサイドで食い止め、前半9分にはセットプレーの流れから先制した。

セルジーニョの強烈なミドルシュートを相手GKがはじき出して獲得した右CKからだった。岩上の蹴ったボールを近いサイドで飯田が競り、そのこぼれ球をゴール正面から高橋が狙う。シュート性の低いボールを、ゴール前に位置取っていた永井が右足で流し込み、攻勢の時間帯に先制する理想的な展開に持ち込んだ。

鹿島には、5月の前回対戦で0−5の屈辱的な大敗を喫している。「その試合と比べれば今日はよくやったと思う」と反町監督。そう振り返った表情が険しいままだったのは、後半に追い付かれ、勝ち点3をつかみ損ねたからに他ならない。

後半13分。鹿島の右CKに対して、ボールのないところで橋内が鹿島の上田を倒したと判定された。これで与えたPKを決められ、その後は防戦一方で攻撃にエネルギーを注げない展開に。負けはしなかったが、J2降格圏からは脱出できなかった。

「よくやったのならば勝ち点3を取らなければいけない」と反町監督。崖っぷちに立たされたまま、残りは5試合だ。

RESPECT

反町康治

勝利へ――スタッフ総出の分析

名古屋や横浜M、札幌など、J1には自分たちがやりたいサッカーを前面に出して戦うチームが多い。しかし、われわれのように地力で劣るチームはそうはいかない。自分たちの良さや持ち味を見失わないようにしつつ、相手のやり方を踏まえて対峙《たいじ》しなければ、勝利はおろか勝ち点を得ることも難しいのが現実だ。

試合を重ねれば重ねるほど、そのチームの特徴が見えてくる。どういうボールのルートで攻撃を組み立て、どういう形でチャンスメークしているのか。それをわれわれスタッフが分析し、ミーティングで選手たちと共有するようにしている。

例えば、相手のカウンター攻撃について。先日対戦したFC東京はJ1で最もカウンター攻撃の力があるチームだが、それを2トップの2選手でやってのける。同じカウンター攻撃でも、次に対戦する鹿島は前線の4人で仕掛けてくる。特徴が異なるチームに対して、同じように準備してもうまくいくはずがない。だから、試合ごとに微調整を加えている。

相手の分析は、まさにスタッフ総出の作業だ。主に相手のセットプレーを見るのが(GKコーチの中川)雄二、オープンプレーを見るのが(コーチの今崎)晴也。PK一つ挙げても、どういう傾向があるのか5年前までさかのぼって映像を確認する。対象選手が外国人なら、海外リーグでプレーしていた当時の映像も探してチェックする。試合中にPKのシーンがなければ無駄骨に終わるが、決しておろそかにはできない作業だ。

分析して分かったことを選手たちに全て伝えるわけではない。私とコーチとで分析した内容を整理し、攻撃面で最大三つ、守備面で最大二つの特徴を絞り出す。分析で得た情報の何を残し、何を捨てるのかという判断が大切になってくる。

当然だが、分析を踏まえた戦術がうまくいくこともあれば、うまくいかないこともある。相手も勝つために必死で、われわれの特徴だって相手に分析されている。

9月の神戸戦は、相手が中央でボールを動かして攻撃を組み立てるラインを消す戦術で臨んだ。狙い通り相手ボールをサイドに追いやったが、1対1の局面で相手選手の能力に上回られ、前半のうちに失点してしまった。「個の力の差」だと言われてしまえばそれまで。それが、国内最高峰リーグのJ1で戦う厳しさだ。

日本でワールドカップ(W杯)が開催されているラグビーやバレーボールの試合を見ていても、相手の弱いところを突こうとする戦術がよく分かる。対戦相手が存在する競技は、自分たちのことだけを追求しても好結果を得られないということだ。

われわれは分析に力を入れているチームだが、それでも相手を踏まえて決める戦術の割合は試合の中の2～3割程度。残りの7～8割は自分たちの力を発揮できるかどうかだ。狙い通りサイドを崩しても、クロスが味方の頭を越してしまえばゴールにはならない。チームで共有した戦術を理解できていない選手が1人でもいたら、そこで水漏れが起きてしまう。やはり最後は、選手たちのパフォーマンスに懸かっている。

勝つ可能性を1%でも高めるために、われわれは入念に準備をしている。選手たちはピッチで力を発揮できるようにトレーニングを重ねている。日々、全力を傾けて、次の試合に向かっていく姿勢はこれからも変わらない。

(10月11日 紙面掲載)

後半、相手のシュートを頭ではじく高橋(中央)

鮮やかな同点弾 勝ち点1もぎ取った

リーグ最少失点のC大阪は、前節までの29試合で22失点しかしていない。零封も13試合を数える。堅守の相手に、前半24分に先制を許した松本山雅。敗色が濃くなったかに思えたが、後半勝負と決めていたチームは狙い通り盛り返した。後半17分にカウンターから杉本がゴールをこじ開け、上位相手に貴重な勝ち点1をもぎ取った。

C大阪の22失点の内訳は、前半が3失点と極端に少ない一方、後半は19失点と多い。「(C大阪は)後半、足が止まる」と反町監督。後半は右サイドの岩上に高い位置から圧力をかけるよう戦術を修正し、同点ゴールを狙ってチーム全体のギアを上げた。

後半17分。高い位置から複数の選手が連動してプレスをかけると、左サイドで中美がボールを奪う。「すぐに(永井)龍が見えた」と前線の永井へ縦パスを入れてカウンター攻撃がスタート。「奪ったら前に出ていく準備はしていた」という杉本が永井を追い越してゴール前に走り込むと、永井が相手を3人引きつけてからヒールパス。右足でゴール右隅を狙い澄ました杉本のシュートが鮮やかに決まった。

リーグ最少得点のチームから、セルジーニョと町田のアタッカー2人がけがで離脱。戦力的には大きな痛手だが、持ち味の走力を生かした積極的な守備と、9月以降は練習メニューに加えたカウンター攻撃から同点ゴールが生まれたことは、チーム全体が同じ方向を向いて強化に取り組めている成果と言える。

まだJ2降格圏に沈んだままだが、残り10試合を切ってからチームは底力を発揮し始めている。「この勝ち点1が、シーズンが終わった時に大きかったと言えるようにしなければいけない」と永井。残りは4試合。残留争いは、いよいよ大詰めを迎える。

後半17分、杉本(左)が同点ゴールを決め喜ぶ選手たち

後半17分、杉本が同点ゴールを決める

C大阪 1 - 1 松本山雅

第30節 11/2 Away

残留争い――痛恨の敗戦

鳥栖 1-0 松本山雅

第31節 11/10 Away

後半、ゴール前の混戦で倒される永井(手前)

J1残留に懸ける思いの強さは、松本山雅も鳥栖も変わらなかっただろう。ただ、その思いを試合開始直後から体現したのは、明らかに鳥栖の方だった。松本山雅は勢いに耐えきれず、前半13分に失点。この1点が、試合の勝敗も、残留争いの明暗も分ける大きな1点になってしまった。

勝てば自動降格圏の17位から無条件で残留できる15位まで浮上する大一番。それを阻止すべく、鳥栖サポーターは大声援で後押しした。「独特の雰囲気にのまれ、体がうまくフィットしていなかった」と反町監督。藤田も「球際の強さや出足の速さは間違いなく相手が上だった」と序盤の内容を悔やんだ。

わずか1点のビハインドが、1試合平均0.6得点しかできていないチームに重くのしかかった。杉本が徹底マークに遭い、加えて高橋へのパスコースが遮断されたことで攻撃の起点を失い、相手の最終ラインと勝負する形をほとんどつくれなかった。前線の2人は「ミスが多く、役割を果たせなかった」(中美)「味方との距離が遠く、シュートチャンスが少なかった」(永井)と沈黙。クロスの精度も欠き、得点のにおいは最後までしなかった。

「相手は積極的で、自分たちは慎重だった」と橋内。「失点することよりも、勝つために得点することだけを考えて試合に入った」と鳥栖の高橋秀。精神面の違いが勝負を分けることもあると考えれば、勝利への執念は相手が上だったと認めざるを得ない。

次節、3試合ぶりに帰る松本山雅のホームにも、鳥栖に負けない熱い思いを持ったサポーターがいる。「残り3試合、無心で向かっていく」と反町監督。松本山雅に関わる全ての人たちと心を一つにして、残留への執念を示すしかない。

後半、相手MFに攻撃を阻まれる高橋(手前)

J1残留争いを繰り広げる鳥栖に敗れ険しい表情の選手たち

RAZUSO
EPSON

早すぎる失点…残留崖っぷち

前半2分、横浜Mの仲川（右）に先制ゴールを決められる（左から）橋内、飯田

付け入る隙があるとすれば、相手に優勝争いの重圧を感じさせるような試合展開に持ち込むことぐらいだっただろう。それも、前半2分の早すぎる失点で霧散。松本山雅は0－1というスコア以上に横浜Ｍに圧倒され、J2降格へ後がない崖っぷちに追い込まれた。

日本人最多得点の仲川は警戒していたはずだった。仕掛けられても中央ではなく縦にいかせるという守備の約束事を決めていたが、前半2分に右サイドでパスを受けた仲川は最終ラインの間合いの一歩外を縫うようにゴール正面へ。「うまいこと抜けられてしまった」と最初に対峙《たいじ》した高橋。守備の人数はそろっていたので、守備陣は「ピンチになる感じはしなかった」（橋内）と考えていたが、相手の技術はその上をいった。

当然、残された時間で1点を奪い返しにいったが、この日はチャンスどころか、攻撃の糸口さえつかめなかった。横浜Ｍは攻守の切り替えが速く、ボールを失っても前線の４人が松本山雅の選手に襲い掛かるように圧力をかけ続けた。「1、2秒もすれば2、3人に囲まれる。余裕が持てなかった」と永井。「ボールを奪った後の精度がなかった」と岩上。それも事前に分かっていたが、永井は「6月に対戦した時よりも2、3段階上だった」と脱帽した。

次節にもJ2への自動降格が決まる立ち位置。一方で、まだ自力で残留を決める道も残されている。「下を向いている暇はない。最後の最後まで戦う」と反町監督。試合後、ゴール裏にあいさつに来た選手たちに、満員のサポーターは拍手でもブーイングでもなく、応援歌を歌って思いを伝えた。

「いけよ最後まで、走れ、松本。勝利をこの手に、俺たちのもとに」

過去最高の19744人の入場者を記録した
サンプロアルウィン

後半ゴールに迫る阪野（左）

J2降格が決まり肩を落としてスタンドにあいさつに向かう選手たち

ゴール前でG大阪の守備に阻まれる橋内(左)と杉本(20)

力の差を、レベルの違いを見せつけられるかのように敵地で4ゴールをたたき込まれ、松本山雅のJ1残留の道は断たれた。最終盤の勝負どころで3試合続けて立ち上がりに失点し、3連敗で今季初めて最下位に転落。選手たちは唇をかみ、涙を浮かべ、「力が足りなかった」と無念の言葉を絞り出した。

勝てば、湘南との最終戦に残留の望みがつながる一戦だった。試合開始直後から闘志全開で、最初に決定機をつくったのは松本山雅。前半8分、町田のパスに永井が抜け出し、放ったシュートが右ポストにはね返されると、直後の11分に試合が暗転した。

右CKのクリアを拾ったG大阪の小野瀬に対し、寄せが遅れる。右足で狙ったシュートはGK守田の手をかすめてゴール右隅に。「警戒していたけれど、甘さが出た」と守田。個人技と連係でゴールに迫るG大阪の攻勢に耐えられず、その後も失点を重ねた。

2度のビハインドを追いついた7月の広島戦や、J1で初めて逆転勝利を収めた8月の浦和戦など、劇的なゴールで勝ち点をもぎ取った試合もある。しかし、それはまれな例。開幕当初から得点力不足の課題が解消できず、総得点20はリーグ最少。先に失点すると勝機が一気にしぼんでしまうもろさを、この3試合は分かりやすく露呈した。

「個人もチームも、質が足りないと試合中に感じた。J1に残るべき強いチームになれなかった」と永井。「決定機の数は相手より多かったかもしれない。それを仕留めるかどうかの差が、この結果とこの順位」と町田。初めてJ1に挑んだ4年前の勝ち点28は既に上回っているが、勝利数7には届いていない。引き分け数は川崎と並んでリーグ最多の12。簡単には負けないチームに成長したかもしれないが、勝てるチームではなかった。

「4月を最後にホームで勝っていない。最後は勝つしかない」と橋内。「ブーイングじゃなく、拍手で迎えてくれたサポーターのために最後は意地を見せたい」と守田。下を向いたまま終幕してしまえば、未来に残せるはずのものさえ手放してしまう。

もろさ露呈 高かった「境界」の壁

J2降格が決まり
肩を落とすサポーター

G大阪 4-1 松本山雅

第33節　11/30　Away

激闘のフィールド

岩上祐三

右サイド奮闘

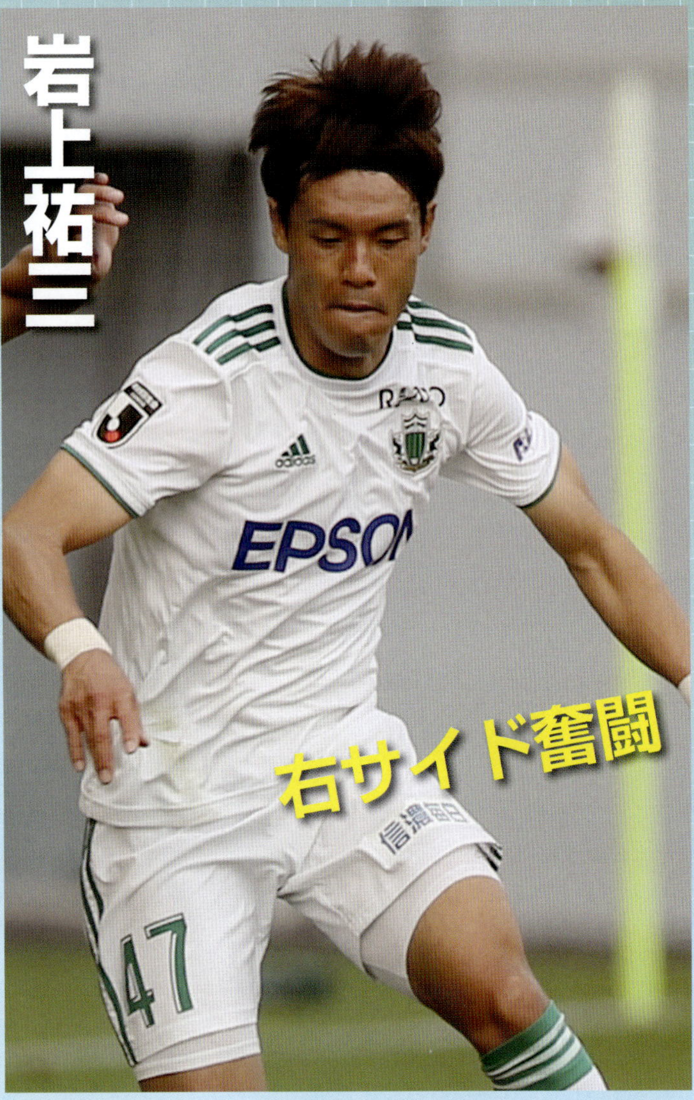

残留争いの直接対決（11月10日、駅前不動産スタジアム）。鳥栖に0-1で痛い黒星を喫したが、MF岩上祐三が右サイドからクロスを上げ好機を演出するなど攻守で貢献した。

1点を先制されて迎えた前半25分、相手に自陣ゴール前へクロスを入れられるも、岩上が頭でクリアして防いだ。その後も、積極的に相手からボールを奪いに行き、追加点を許さなかった。

パウリーニョ

勝ち点1の原動力

C大阪と1-1で引き分けた試合（11月2日、ヤンマースタジアム長居）。MFパウリーニョの攻守にわたる活躍が光った。

けがの選手に代わって出場。後半にはシュート2本を放ち、惜しくもゴールはならなかったが、敵地での勝ち点1の原動力になった。

イズマ

初出場で好機演出

横浜Mに0-1で敗れたホーム戦（11月23日、サンプロアルウィン）。9月に加入したFWイズマが公式戦に初出場し、観客を沸かせた。

1点を失って迎えた後半22分、FW阪野豊史との交代出場でピッチに入ると、「イズマ！」「秘密兵器」と、スタンドから大きな拍手が湧き起こった。相手が2人掛かりで激しくボールを奪いに来ても、うまくボールをキープ。ゴール前にクロスを入れて好機を演出した。

松本山雅 **1 - 1** 湘南

第34節　12/7　Home

「引き分けを勝ちにできない」課題

後半45分、交代で出場した直後に同点ゴールを決めた阪野（中央）

J2降格が決まっている松本山雅と、勝てばJ1残留が決まる湘南。立ち位置も心理状態も異なる両チームによる今季最終戦は、4月以来のホーム白星を狙う松本山雅が押した。放ったシュート19本は今季最多で、1試合平均の2倍以上。しかし、得点は終了間際に挙げた同点ゴールの1点にとどまり、13試合目となる引き分けでJ1の戦いを終えた。

前半27分に左FKからのサインプレーで高橋が狙ったシュートは右ポストを直撃。後半9分には田中隼のクロスに永井が合わせたが右に外れ、同28分には素早く始めたFKから田中隼がゴールに迫ったが、シュートは枠の上を越えた。

「引き分けを勝ちに持っていけないことに課題がある」と反町監督。13試合の引き分けはリーグ最多。このうち3試合を勝利に結び付けていれば、15位で残留を決めた鳥栖を上回った計算になる。「結局は勝てなかった。勝ち点3と1とでは大きな違い」と田中隼。勝ち点31は、J1に初挑戦した4年前の28を上回ったが、勝利数は4年前の7に届かなかった。

この日は3バックの橋内と水本が攻撃参加したことで攻めに厚みが出た。ボール保持者を後方の選手が追い抜いて攻める姿勢は松本山雅のスタイルだったはずだが、「今季は（失点の）リスク管理をして出ていけなかった」と橋内。J1勢の高い攻撃力を食い止めるための試合運びが、自分たちが攻撃に転じた際の躍動感を奪い、得点力不足に陥る悪循環を生んだ。

前回はJ2降格から2度目のJ1昇格まで3年かかった。J1とJ2とではクラブの収益に大きな差があるため、橋内は「1年でも早く戻ってこなければ、次に上がった時もまた苦労する」と話す。明確なビジョンの下で、成長曲線を描きながら結果を残せるか。難しい宿題を背負い、来季はJ2での戦いに臨む。

RESPECT 反町康治

スポーツを通じて被災地に希望を

台風19号によって、長野県内が甚大な被害を受けた。私たちが活動する松本平は大きな被害はなかったが、犠牲になった方や今も苦難を強いられている方を思うと心が痛い。

15年前、私が当時J1の新潟で監督を務めていた時に中越地震が発生した。2004年10月23日の夕方。私たちチームは、翌日に敵地で行う磐田戦に備えて浜松市の宿泊先に向かっている時だった。私や選手たちが、新潟県内の家族と連絡が取れたのは深夜になってから。新潟へ通じる道路や鉄路は寸断されていたので、磐田との試合を終えると空路で新潟に戻った。

次に控えていた試合の中止が決まり、私たちスタッフはクラブの備品だったタオルマフラーやフリースなどの衣類を車に詰め込んで被災地の小千谷市に向かった。体育館に避難している皆さんの切羽詰まった様子を見て、この人たちを助けたいという強い思いが湧いてきたことを覚えている。

新潟市の被害は大きくなかったが、それでもホームスタジアムが損壊して修復が必要になった。リーグ戦が再開されても私たちは敵地を渡り歩いたり、東京の国立競技場でホームゲームを開催したりした。ようやくホームスタジアムで試合ができたのは1カ月後。被災地の子どもたちを招待し、スタジアムは3万人を超えるお客さんで埋まった。「がんばろう新潟」という思いで一体となった会場の雰囲気はすさまじく、地震の後は負け続きだったチームはFC東京を相手に4−2で勝った。

東日本大震災が起きた11年。そのシーズンに4位と躍進したJ1仙台を指揮していた手倉森監督（現J2長崎監督）は「選手に（被災者の）気持ちが乗り移っている。何とかしなければという思いが」と話していたのが印象的だ。ホームタウンが苦しんでいる時だからこそ、私たちはスポーツを通して大変な思いをしている皆さんに元気や勇気を与えようと一丸となれるのだと思う。

台風19号による洪水被害で練習場が使えなくなってしまったAC長野パルセイロは、被災直後の試合は中止にしたが、10月末にホームゲームを再開した。復興途上での再開には賛否両論あるのかもしれないが、私は再開してよかったと思っている。私たちは自然災害に屈しない、できるんだということを示さなければいけないからだ。

長野県内はサッカーだけでなく、バスケットボールやバレーボールなどのプロ活動も盛んになって、それらのクラブが手を取り合ってチャリティーTシャツの販売を始めた。スピードスケートの小平奈緒さんは、SNS（会員制交流サイト）を通じて被災者を励ましている。被災した皆さんは、今は生活を立て直すことが全てで、スポーツや娯楽どころではないだろうが、私たちのようにスポーツに携わる人間は、被災した皆さんや地域のために少しでも役立ちたいという思いを持って活動に取り組んでいる。

私たちにできることはやりたい。一方で、やれることは限られているとも思っている。ならば、私たちは私たちの使命を全うすることが第一だ。つまり、松本山雅で言えば目の前の試合に全力を尽くし、最後まで諦めない姿勢を示すことだ。私たちは、多くの人たちから注目され、多くの人たちに夢や希望を与えることができる立場だ。そのことを自覚し、皆さんに明日へのエネルギーを与えることができるように活動していく。

（11月7日 紙面掲載）

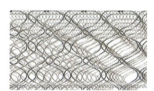

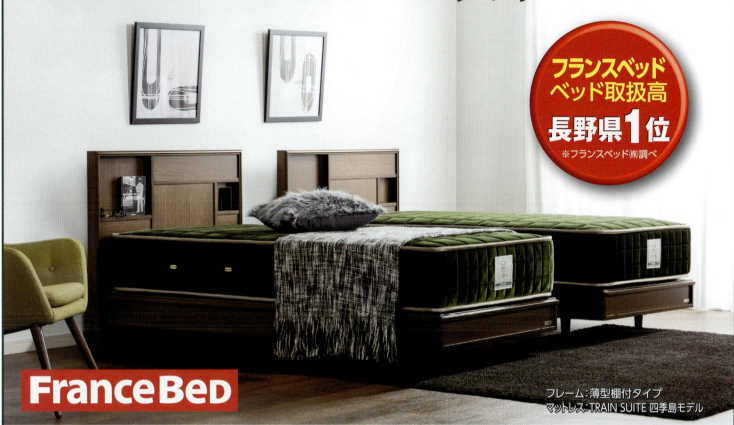

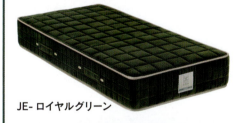

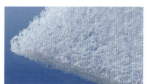

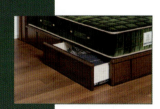

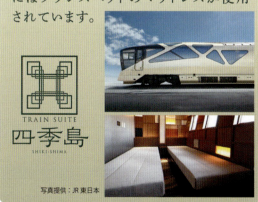

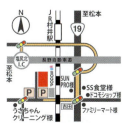

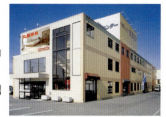

FLECEED SHINSHU
大切な人のお祝いに花を。
お世話になったあの方へ感謝を込めて花を。
花をより身近に
夢と希望と笑顔をすべての人へ…。
当たり前でなく、気持ちのこもったその人らしい、花づくり。
自由な感性で他とは違うアレンジフラワーをご提供します。
Fleceed
花
本社
南信営業所
株式会社
フレシード信州
本　　社／〒390-0821 松本市筑摩4-22-26 TEL.0263-24-2087 FAX.0263-24-2088
南信営業所／〒392-0012 諏訪市四賀1755-4 TEL.0266-78-7984 FAX.0266-78-7987
フレシード信州は
MATSUMOTO Yamaga F.C.
松本山雅 FC を応援しています。
SHINSHU MATSUMOTO
SINCE 1965
YAMAGA F.C.
©2011 YAMAGA
写真のアレンジフラワーはほんの一例です。ご予算に応じてお造りいたしますのでお気軽にご相談ください。お花の内容は季節によって若干異なる場合がございます。
代表取締役 林 秀樹
https://www.fleceed-shinshu.co.jp/

J1リーグ戦 全34試合

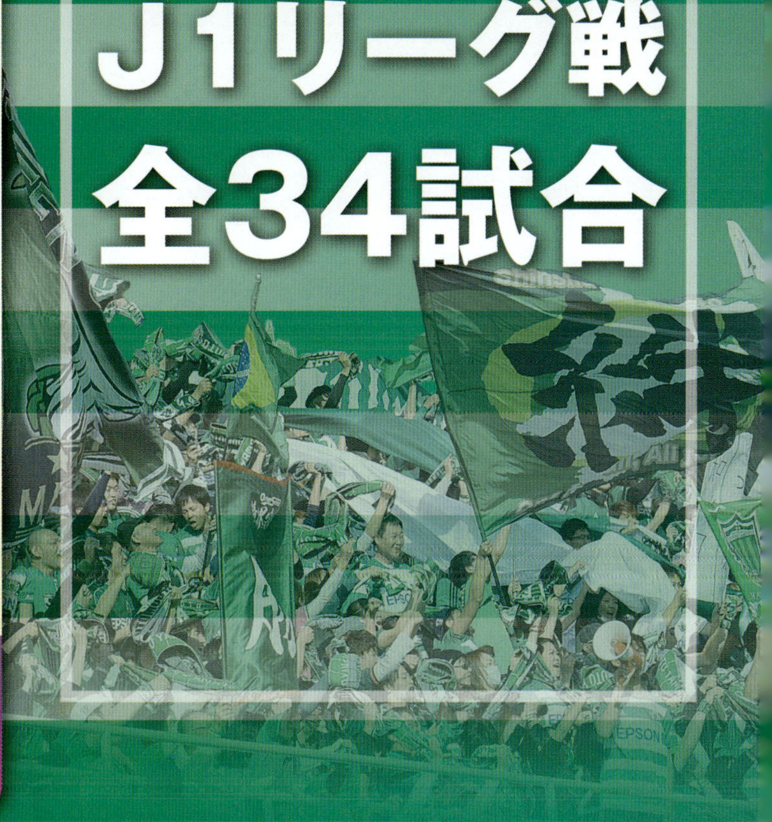

2/23 第1節 ヤマハスタジアム　6位

ジュビロ磐田 1-1 松本山雅FC

得点力など攻守に課題

磐田		1		1		松本
		0	前	1		
		1	後	0		
		11	SH	13		
		10	GK	9		
		7	CK	5		
		12	FK	18		
カミンスキー	21	GK		GK	1	守田　達弥
大井健太郎	3	DF		DF	31	橋内　優也
大南　拓磨	25	DF		DF	44	服部　康平
高橋　祥平	41	DF		DF	15	エドゥアルド
中村　俊輔	10	MF		MF	47	岩上　祐三
松本　昌也	14	MF		MF	6	藤田　息吹
アダイウトン	15	MF		MF	14	パウリーニョ
山田　大記	19	MF		MF	42	高橋　諒
上原　力也	30	MF		MF	8	セルジーニョ
ロドリゲス	11	FW		FW	11	永井　龍
大久保嘉人	22	FW		FW	7	前田　大然
			交代要員			
ムサエフ	8	MF		DF	3	田中　隼磨
荒木　大吾	27	MF		MF	13	中美　慶哉
川又　堅碁	20	FW		FW	9	高崎　寛之

▶得点者【松】岩上(前8)【磐】川又(後26)
▶交代【松】永井(後33高崎) 岩上(後42田中隼) セルジーニョ(後45中美)【磐】中村(後9川又) ロドリゲス(後25荒木) 上原(後36ムサエフ)
▶警告・退場　なし
▶入場者数　14,469人　▶天候　曇

磐田との開幕戦を1-1で引き分けた。4年ぶりに参戦したJ1の初戦で勝ち点1を獲得した。

松本山雅は新戦力のレアンドロペレイラが故障のためメンバー入りせず、ワントップには永井を起用。新戦力は3人が先発し、服部とエドゥアルドが3バック、高橋が中盤の左サイドに入った。磐田は元日本代表の中村と大久保が先発した。

松本山雅は前半8分、ゴール正面右の好位置で得たFKを岩上が直接決めて先制。その後の好機を決めきれずにいると、後半26分に途中出場の川又に左クロスを頭で決められて追いつかれた。

■田中隼
(岩上に代わって後半42分から出場)「先制点をいい形で取り、その後もチャンスをつくれていただけに、勝ちきらないといけない試合だった。開幕スタメンで出たかった悔しさを次の試合につなげていきたい」

キーワード　一瞬の隙を与えるとこうなる

■反町監督　残念とも言えるし、よくやったとも言えるゲームだった。勝ち点3を取らなければいけないが、できる限りのことはやれた。(後半の失点は)一瞬の隙を与えるとこうなるという、いい教訓。足元を見てやっていかなければいけない。(守備は)失点しているので及第点は与えられないが、(3バックのうち2人が新加入選手で)よくやったと思う。

3/2 第2節 昭和電工ドーム大分　4位

大分トリニータ 0-1 松本山雅FC

スタイル貫き永井決勝点

大分		0		1		松本
		0	前	0		
		0	後	1		
		1	SH	9		
		6	GK	8		
		0	CK	4		
		12	FK	14		
高木　駿	1	GK		GK	1	守田　達弥
鈴木　義宜	5	DF		DF	44	服部　康平
福森　直也	6	DF		DF	31	橋内　優也
岩田　智輝	29	DF		DF	15	エドゥアルド
松本　怜	7	MF		MF	47	岩上　祐三
高山　薫	23	MF		MF	14	パウリーニョ
前田　凌佑	32	MF		MF	6	藤田　息吹
ティティパン	44	MF		MF	42	高橋　諒
藤本　憲明	10	FW		MF	8	セルジーニョ
小塚　和季	14	FW		FW	7	前田　大然
伊藤涼太郎	46	FW		FW	11	永井　龍
			交代要員			
丸谷　拓也	8	MF		DF	3	田中　隼磨
高畑　奎汰	38	MF		MF	25	町田也真人
オナイウ阿道	45	FW		FW	9	高崎　寛之

▶得点者【松】永井(後5)
▶交代【松】セルジーニョ(後35町田) 岩上(後42田中隼) 永井(後44高崎)【分】前田(後12丸谷) 伊藤(後16オナイウ) 福森(後40高畑)
▶警告・退場【松】藤田【分】鈴木
▶入場者数　13,329人　▶天候　屋内

大分に1-0で勝ち今季初勝利。1勝1分けとして勝ち点4。4位につけた。

松本山雅、大分とも前節と同じ先発メンバー。前半は両チームとも好機を生かせず無得点で後半に折り返した。松本山雅は後半5分、高橋のクロスを相手がクリアしたボールがバーに当たって跳ね返り、そのこぼれ球を永井が左足で押し込んで先制。高い位置からの激しい守備を90分間やり抜き、相手をシュート1本に押さえて無失点でリードを守りきった。

■反町監督
「今日は前の3人がよく走ってディフェンスをしたことが一番の勝因。まだ技術面では大分にかなわないが、それを上回る力(走力)を90分出すことができて、結果につながった。(試合2日前に現地入りし)2日掛かりでしっかり準備できたことが(コンディションを整える上で)かなり大きかった」

キーワード　走ったことが大事だった

■永井　(先制点は)目の前にボールがこぼれてきて、はい決めてくださいという形だった。それでも、試合後にハユさん(田中隼)から、『チームとしても個人としても走ったからプレゼントがきたんじゃない』と言われ、しっかり走ったことが大事だったと思った。次もどんな形でもいいので点を取って、チームの勝利に貢献したい。

3/9 第3節 サンプロアルウィン　9位

松本山雅FC 0-1 浦和レッズ

成長示したがPKに泣く

松本		0		1		浦和
		0	前	0		
		0	後	1		
		6	SH	4		
		4	GK	9		
		8	CK	6		
		18	FK	14		
守田　達弥	1	GK		GK	1	西川　周作
服部　康平	44	DF		DF	46	森脇　良太
橋内　優也	31	DF		DF	31	岩波　拓也
エドゥアルド	15	DF		DF	5	槙野　智章
岩上　祐三	47	MF		MF	27	橋岡　大樹
パウリーニョ	14	MF		MF	29	柴戸　海
藤田　息吹	6	MF		MF	7	長澤　和輝
高橋　諒	42	MF		MF	10	柏木　陽介
セルジーニョ	8	MF		MF	3	宇賀神友弥
永井　龍	11	FW		FW	19	ナバウト
前田　大然	7	FW		FW	30	興梠　慎三
			交代要員			
町田也真人	25	MF		DF	4	鈴木　大輔
安東　輝	32	MF		MF	11	マルティノス
高崎　寛之	9	FW		MF	22	阿部　勇樹

▶得点者【浦】興梠(後27)
▶交代【松】永井(後30高崎) 前田(後30町田) 藤田(後40安東)【浦】長澤(後37阿部) 森脇(後40鈴木) 柏木(後44マルティノス)
▶警告・退場【松】パウリーニョ【浦】阿部
▶入場者数　18,922人　▶天候　晴

ホーム開幕戦で浦和に敗れた。今季初黒星を喫し、勝ち点4のままで順位は9位に後退した。

松本山雅は開幕から3試合連続で同じ先発メンバー。浦和は前節から先発4人を入れ替えた。

松本山雅は強い風下に立たされた前半から互角の試合展開に持ち込んだ。0-0で迎えた後半21分には左サイドを崩した高橋から永井に決定的なパスが出たが、永井のシュートはミートせず逸機。逆に同27分、ハンドで与えたPKを興梠に決められて先制点を許した。その後は好機をつくれず、今季初めて無得点で敗れた。

■エドゥアルド
「互角以上に戦えていたが、ワンチャンスで試合を決められた。ACL(アジア・チャンピオンズリーグ)に出ているチームと対等に試合ができたことを自信にして、次に生かしたい」

キーワード　悪くないのなら勝ち点を

■橋内　悪いゲームではなかったが、それで終わらせてはいけない。悪くないのならば勝ち点1でも取らなければいけないし、ホームなので勝ち点3が取れるようにしなければいけない。J1上位(の実力がある相手)に対してもゲームを崩すことなくやれたことはチームとしていい自信につなげて、この次の試合に向かっていきたい。

3/17　第4節　エディオンスタジアム広島　12位

サンフレッチェ広島 1-0 松本山雅FC

躍動感を欠いて2連敗

広島	1	0 1	前 後	0 0	0	松本

10	SH	2
7	GK	6
3	CK	2
17	FK	16

大迫　敬介	38	GK	GK	1	守田　達弥
野上　結貴	2	DF	DF	44	服部　康平
吉野　恭平	5	DF	DF	31	橋内　優也
佐々木　翔	19	DF	DF	15	エドゥアルド
サロモンソン	3	MF	MF	47	岩上　祐三
川辺　駿	40	MF	MF	14	パウリーニョ
松本　泰志	17	MF	MF	6	藤田　息吹
柏　好文	18	MF	MF	42	高橋　諒
柴﨑　晃誠	30	MF	MF	8	セルジーニョ
野津田岳人	7	MF	FW	7	前田　大然
ドウグラス	20	FW	FW	11	永井　龍
交代要員					
清水　航平	27	MF	MF	20	杉本　太郎
渡　大生	16	FW	MF	32	安東　輝
パトリック	10	FW	FW	9	高崎　寛之

▶得点者【広】柏(後16)
▶交代【松】永井(後23杉本) セルジーニョ(後32高崎) 藤田(後37安東)【広】サロモンソン(後17清水) ドウグラス(後31パトリック) 柴﨑(後42渡)
▶警告・退場【松】エドゥアルド
▶入場者数　13,131人　▶天候　晴

　広島に0-1で敗れ、今季初の2連敗。勝ち点4のままで、9位から12位に後退した。

　松本山雅は開幕から4試合連続で同じ先発メンバー。飯田と杉本がJ1リーグ戦では今季初めてベンチ入りした。広島も前節と同じ先発で臨んだ。

　松本山雅は攻撃の形をつくれず、前半はシュートなし。粘り強い守備で相手の攻撃を食い止めていたが、後半16分に広島の柏にマークを振り切られて先制点を決められた。その後も好機はつくれず、今季最少のシュート2本で2試合連続無得点に終わった。

■服部

「後ろでボールを持てていたが、ただ(パスを)回しているだけで相手にとっては怖くなかった。押し込まれていたので簡単に失いたくない気持ちがあったからかもしれないが、そこは持ち味の体力で上回る(失っても奪い返す)ようにしなければいけない」

キーワード　悪い部分が凝縮して出た

■永井　開幕戦から2試合が良かった(1勝1分け)ことで、J1でも自分たちはできるんじゃないかと甘くなってしまっている。その悪い部分が凝縮して出てしまった試合。自分たちらしさを出せず躍動感もなく、逆にできないことをやってしまった。(次戦までの2週間は)また一からやっていかなければいけない。

3/31　第5節　サンプロアルウィン　14位

松本山雅FC 0-2 川崎フロンターレ

封じられシュート3本無得点

松本	0	0 0	前 後	1 1	2	川崎

3	SH	12
8	GK	6
1	CK	5
14	FK	19

守田　達弥	1	GK	GK	1	チョン ソンリョン
今井　智基	5	DF	DF	27	鈴木　雄斗
橋内　優也	31	DF	DF	3	奈良　竜樹
エドゥアルド	15	DF	DF	5	谷口　彰悟
田中　隼磨	3	MF	DF	2	登里　享平
パウリーニョ	14	MF	MF	25	田中　碧
宮阪　政樹	35	MF	MF	6	守田　英正
高橋　諒	42	MF	MF	14	中村　憲剛
セルジーニョ	8	MF	MF	41	家長　昭博
前田　大然	7	FW	MF	8	阿部　浩之
レアンドロペレイラ	10	FW	FW	20	知念　慶
交代要員					
塚川　孝輝	17	MF	DF	7	車屋紳太郎
杉本　太郎	20	MF	MF	44	カイオセザール
高崎　寛之	9	FW	FW	11	小林　悠

▶得点者【川】知念(前44)阿部(後19)
▶交代【松】レアンドロペレイラ(後23塚川) セルジーニョ(後23杉本) 前田(後31高崎)【川】奈良(後22車屋) 中村(後43小林) 田中(後47カイオセザール)
▶警告・退場【松】エドゥアルド、パウリーニョ、塚川
▶入場者数　18,563人　▶天候　晴

　川崎に0-2で敗れ3連敗。勝ち点4のまま、前節12位から14位に後退した。

　松本山雅は開幕戦から同じ顔ぶれで臨んできた先発を4人変更。今井、田中隼、宮阪、レアンドロペレイラが今季初先発した。川崎も前節から先発3人を入れ替えた。

　松本山雅は前線からのプレスとゴール前の粘り強い守備で何とか失点を防いでいたが、前半44分に登里の左クロスを知念に頭で決められ先制点を許した。後半も川崎に主導権を握られ、19分には阿部のゴールで2点差に。松本山雅はほとんど好機をつくれずシュート3本に終わり、3試合連続の無得点で敗れた。

■反町監督

「満員のアルウィンで、ため息で終わったことを悔しく思うし、責任も感じている。飛行機の座席で言えば、エグゼクティブクラスの相手にエコノミークラスのわれわれが勝つことは大変だなというのが正直な感想。(3連敗に)この難局を自分たちで解決しなければいけない」

キーワード　力の差を痛感させられた

■橋内　(J1リーグ戦)5試合目にして初めてJ1での力の差を痛感させられたゲーム。(前節の)広島戦は自分たちが良くなかったが、今日はバラバラにならず積極的にチャレンジしてもうまくいかなかった。差を感じていない選手はいないのではないか。ただ、同じリーグでやっていかなければいけないのだから、この差を埋めなければいけない。上を向いてやるしかない。

4/6　第6節　サンプロアルウィン　12位

松本山雅FC 2-1 ヴィッセル神戸

らしさ取り戻しホーム初白星

松本	2	2 0	前 後	0 1	1	神戸

13	SH	9
11	GK	10
7	CK	7
15	FK	14

守田　達弥	1	GK	GK	1	前川　黛也
飯田　真輝	4	DF	DF	22	西　大伍
橋内　優也	31	DF	DF	25	大﨑　玲央
今井　智基	5	DF	DF	33	ダンクレー
田中　隼磨	3	MF	DF	5	山口　蛍
パウリーニョ	14	MF	MF	6	セルジサンペール
宮阪　政樹	35	MF	MF	14	三田　啓貴
高橋　諒	42	MF	MF	19	初瀬　亮
中美　慶哉	13	MF	FW	8	アンドレスイニエスタ
前田　大然	7	FW	FW	16	古橋　亨梧
レアンドロペレイラ	10	FW	FW	7	ダビドビジャ
交代要員					
藤田　息吹	6	MF	FW	21	田中　順也
安東　輝	32	MF	FW	17	ウェリントン
高崎　寛之	9	FW			

▶得点者【松】宮阪(前13) 飯田(前43)【神】ウェリントン(後30)
▶交代【松】パウリーニョ(後20藤田) レアンドロペレイラ(後44高崎) 前田(後51安東)【神】ビジャ(前41ウェリントン) 三田(後1田中)
▶警告・退場【松】田中隼【神】西、イニエスタ
▶入場者数　18,831人　▶天候　晴

　神戸に2-1で勝ち連敗を3で止めた。第2節以来となる白星で今季2勝目。

　松本山雅は飯田と中美を今季初めて先発起用。飯田は3バックの中央に入り、橋内が左に回った。神戸はポドルスキが欠場した。

　松本山雅は前半13分、左サイドの深い位置で得たFKを宮阪が右足で直接決めて先制。同43分には高橋の左クロスを飯田が頭で流し込んで2点のリードを奪った。後半は神戸に押し込まれ、30分にはウェリントンのゴールで1点差に迫られたが、粘り強い守備でリードを守りきった。神戸との対戦成績は天皇杯を含めて2勝5敗とした。

■守田

(好セーブを連発)「みんなが体を張ってくれていたので、最後のボールを止めることが自分の仕事だった。この戦い方がベース。一喜一憂せず続けたいが、この勝ちが自信になることは間違いない」

キーワード　勝つことだけを考えた

■中美　今まで(ピッチの)外から見ていて、松本山雅らしさが薄いなと感じていた。ミスはあったけれど、泥くさくボールを追いかけて、とにかくチームが勝つことだけを考えてプレーできた。自分と同じように、ピッチやベンチの外でこの試合を見ていた選手が何かを感じて競争することで、チームは強くなっていくと思っている。

4/14　第7節　ShonanBMW スタジアム平塚　12位

湘南ベルマーレ 1-1 松本山雅FC

新10番 チーム戦術に順応

湘南	1	0 1	前 後	0 1	1	松本

9	SH	8
9	GK	7
4	CK	7
15	FK	13

秋元　陽太	1	GK	GK	1	守田　達弥
山根　視来	13	DF	DF	5	今井　智基
フレイレ	3	DF	DF	4	飯田　真輝
大野　和成	8	DF	DF	31	橋内　優也
鈴木　冬一	28	MF	MF	3	田中　隼磨
齊藤　未月	16	MF	MF	14	パウリーニョ
松田　天馬	18	MF	MF	35	宮阪　政樹
杉岡　大暉	5	MF	MF	42	高橋　諒
菊地　俊介	2	FW	MF	13	中美　慶哉
山﨑　凌吾	11	FW	FW	7	前田　大然
武富　孝介	39	FW	FW	10	レアンドロペレイラ
交代要員					
小野田将人	23	DF	MF	20	杉本　太郎
古林　将太	50	MF	FW	11	永井　龍
大橋　祐紀	24	FW			

▶得点者【松】レアンドロペレイラ(後38)【湘】武富(後6)
▶交代【松】前田(後18杉本) 中美(後26永井)【湘】菊地(後20大橋) 大野(後34小野田) 鈴木(後42古林)
▶警告・退場【松】レアンドロペレイラ【湘】フレイレ、大野
▶入場者数　10,417人　▶天候　曇

　湘南と1-1で引き分けた。2連勝はならなかったが、2試合連続負けなしで勝ち点8。

　松本山雅は2試合連続で同じ先発メンバー。湘南は前節から先発3人を入れ替えた。松本山雅は劣勢の前半を無失点でしのいだが、後半6分に湘南の波状攻撃を止められず、最後は武富のゴールで先制を許した。そこから杉本と永井を投入して流れを引き寄せると、38分にペナルティーエリアの外からレアンドロペレイラが右足でミドルシュートを決めて同点に追いついた。

■田中隼

「ハーフタイムに監督からスローインに注意するように言われたのに、その形から隙をつくって失点した。指示を表現できない選手の責任。最後に追いついたことは良かったが、隙を見せていては勝ち点3は取れない」

キーワード　ボールがきた時にベストを

■レアンドロペレイラ　アウェーで勝ち点1が取れたことはうれしいし、自分のゴールでチームに貢献できてよかった。いつか決められると思って、毎日全力でトレーニングして、試合で100パーセントを出すことを意識してきた。何も難しいことではなくて、ボールがきた時にベストを尽くすこと。今はサッカーを楽しむことができている。

J1リーグ戦 全34試合

4/28 第9節 味の素スタジアム 11位

FC東京 2-0 松本山雅FC

前半の終了間際に痛恨

FC東京	2	1 1	前 後	0 0	0	松本

7	SH	10
7	GK	3
10	CK	5
14	FK	11

林 彰洋	33	GK	GK	16	村山 智彦
小川 諒也	25	DF	DF	5	今井 智基
渡辺 剛	32	DF	DF	4	飯田 真輝
森重 真人	3	DF	DF	31	橋内 優也
太田 宏介	6	DF	MF	3	田中 隼磨
久保 建英	15	MF	MF	14	パウリーニョ
高萩洋次郎	8	MF	MF	35	宮阪 政樹
橋本 拳人	18	MF	MF	42	高橋 諒
東 慶悟	10	MF	MF	13	中美 慶哉
ディエゴオリベイラ	9	FW	FW	7	前田 大然
永井 謙佑	11	FW	FW	10	レアンドロペレイラ
交代要員					
大森晃太郎	39	MF	MF	8	セルジーニョ
ジャエル	16	FW	MF	20	杉本 太郎
ナサンホ	17	FW	FW	11	永井 龍

▶得点者【F】永井(前44) ディエゴオリベイラ(後32)
▶交代【松】前田(後16永井) 中美(後16杉本) 宮阪(後31セルジーニョ)【F】永井(後23ジャエル) 高萩(後38ナサンホ) ディエゴオリベイラ(後48大森)
▶警告・退場【松】田中隼、レアンドロペレイラ、杉本【F】高萩
▶入場者数 36,412人 ▶天候 晴のち曇

FC東京に0-2で敗れた。4試合ぶりの黒星で11位に後退した。。

松本山雅は2試合連続で同じ先発メンバー。FC東京はけが人の影響で前節から先発3人を入れ替えた。

松本山雅は前半、相手の攻勢をゴール前で食い止めていたが、44分に逆襲から最後はFC東京の永井に左足で決められて先制を許した。後半16分に杉本と永井を同時投入して流れを引き寄せた時間帯もあったが、同32分に橋内が久保を倒したとの判定で与えたPKをディエゴオリベイラに決められ、リードを広げられた。

■反町監督

「先制されるとバランスを崩して(点を取りに)いかなければいけない。そうなると余計にFC東京の強みが出る。その展開になってしまった。今日は日本のトップリーグの一番上のチームから勉強させられた部分もある。それをどう生かしていくかに懸かってくる」

キーワード　ダメージが大きかった

■田中隼　相手の先制点は、このまま前半を終えようとみんなが思っていた中で、自分たちのボールを取られて失点した。時間帯もやられ方もダメージが大きかった。防げる失点だっただけに、反省しなければいけない。首位を相手に自分たちの力を試したかったけれど、ある程度やれたという受け止めではいけない。相手の術中にはまった完敗だった。

4/20 第8節 サンプロアルウィン 10位

松本山雅FC 1-0 サガン鳥栖

無失点勝利で10位に浮上

松本	1	1 0	前 後	0 0	0	鳥栖

10	SH	10
11	GK	14
2	CK	7
10	FK	16

村山 智彦	16	GK	GK	1	大久保択生
今井 智基	5	DF	DF	22	原 輝綺
飯田 真輝	4	DF	DF	3	高橋 祐治
橋内 優也	31	DF	DF	5	ニノガロヴィッチ
田中 隼磨	3	MF	DF	2	三丸 拡
パウリーニョ	14	MF	MF	41	松岡 大起
宮阪 政樹	35	MF	MF	36	高橋 秀人
高橋 諒	42	MF	MF	14	高橋 義希
中美 慶哉	13	MF	MF	7	イサッククエンカ
前田 大然	7	FW	FW	44	金崎 夢生
レアンドロペレイラ	10	FW	FW	9	フェルナンドトーレス
交代要員					
藤田 息吹	6	MF	MF	4	原川 力
杉本 太郎	20	MF	MF	25	安 庸佑
永井 龍	11	FW	FW	11	豊田 陽平

▶得点者【松】前田(前10)
▶交代【松】レアンドロペレイラ(後24永井) 宮阪(後32藤田) 前田(後39杉本)【鳥】松岡(後13原川) ガロヴィッチ(後30安庸佑) 金崎(後39豊田)
▶警告・退場【松】藤田
▶入場者数 16,367人 ▶天候 晴

鳥栖に1-0で勝ち、2試合ぶりの勝利。勝ち点11とし10位に浮上した。

松本山雅は、脚を痛めたGK守田に代わり村山がJ1リーグ戦では今季初先発。鳥栖は元スペイン代表のフェルナンドトーレスが4試合ぶりに先発復帰するなど前節から先発2人を入れ替えた。

松本山雅は前半10分、パウリーニョが相手守備ラインの裏に入れた浮き球のパスを前田が左足で決めて先制。その後は鳥栖にボールを保持されて再三のピンチを招いたが、最後まで集中力を切らさず6試合ぶりの無失点でリードを守りきった。

■前田

(8試合目の先発でJ1初得点)「ずっと点を取りたいと思っていて苦しかった。これを次につなげなければ意味がないので、次も狙っていく」

キーワード　今後につながる勝ち点3

■反町監督　どっぷり疲れた試合だった。内容は褒められたものではないが、苦しいゲームで勝ち点3を取り、無失点で抑えられたことは今後につながる。本来はもう少し守備ラインを上げたかったが、サイドで縦に2列をつくる相手の攻撃は防ぎようがなく、はね返すことが精いっぱい。後ろの3人(3バック)とGKの貢献度は非常に高かった。

5/12 第11節 サンプロアルウィン 12位

松本山雅FC 0-0 コンサドーレ札幌

好機つくるもゴール遠く

松本	0	0 0	前 後	0 0	0	札幌

11	SH	10
19	GK	13
8	CK	6
10	FK	9

守田 達弥	1	GK	GK	25	クソンユン
今井 智基	5	DF	DF	3	進藤 亮佑
飯田 真輝	4	DF	DF	20	キムミンテ
橋内 優也	31	DF	DF	5	福森 晃斗
田中 隼磨	3	MF	MF	7	ルーカスフェルナンデス
パウリーニョ	14	MF	MF	10	宮澤 裕樹
宮阪 政樹	35	MF	MF	8	深井 一希
高橋 諒	42	MF	MF	4	菅 大輝
杉本 太郎	20	MF	MF	26	早坂 良太
前田 大然	7	FW	MF	27	荒野 拓馬
レアンドロペレイラ	10	FW	FW	9	鈴木 武蔵
交代要員					
中美 慶哉	13	MF	MF	17	檀崎 竜孔
岩上 祐三	47	MF	MF	19	白井 康介
永井 龍	11	FW	MF	30	金子 拓郎

▶交代【松】杉本(後28中美) レアンドロペレイラ(後31永井) 前田(後38岩上)【札】荒野(後32金子) 早坂(後40白井) ルーカスフェルナンデス(後45檀崎)
▶入場者数 16,646人 ▶天候 晴

札幌とスコアレスドロー。連敗を2で止めたものの、3試合連続の無得点で勝ち点1の上積みにとどまった。

松本山雅は前節から先発3人を入れ替えた。杉本が初先発で攻撃的な1.5列目に入り、GK守田は4試合ぶりに先発復帰。ワントップはレアンドロペレイラが2試合ぶりに先発した。札幌はタイ代表のチャナティップがけがで欠場し、代わりに早坂が先発した。

序盤から松本山雅が攻勢を強め、多くのチャンスをつくったがラストパスやシュートの精度を欠いた。後半36分にはカウンター攻撃から前田が相手GKと1対1の場面をつくったが、シュートがGKの正面を突いて決めきれなかった。

■レアンドロペレイラ

「結果は残念だけれど、90分間を通して見れば今までになくいい試合ができた。チームが成長できていると感じている。今日のように決定機の回数を増やして、あとは決めるだけだ」

キーワード　悔しいし、申し訳ない

■前田　僕のせいでこういう結果になってしまったことが残念。チャンスがあれだけあって、勝てた試合だった。それだけに本当に悔しいし、申し訳ない。ゴールを決めて勝たなければチームは上にいけないし、個人としても厳しくなる。今日のようにいい試合を続けていくしかない。あとはチャンスをものにできるかどうかだと思っている。

5/4 第10節 サンプロアルウィン 12位

松本山雅FC 0-2 セレッソ大阪

隙を突かれて前半に失点

松本	0	0 0	前 後	1 1	2	C大阪

5	SH	15
15	GK	10
6	CK	3
11	FK	16

村山 智彦	16	GK	GK	21	キムジンヒョン
今井 智基	5	DF	DF	2	松田 陸
飯田 真輝	4	DF	DF	14	丸橋 祐介
橋内 優也	31	DF	DF	15	瀬古 歩夢
田中 隼磨	3	MF	DF	22	マテイヨニッチ
パウリーニョ	14	MF	MF	5	藤田 直之
宮阪 政樹	35	MF	MF	7	水沼 宏太
高橋 諒	42	MF	MF	10	清武 弘嗣
中美 慶哉	13	MF	MF	25	奥埜 博亮
前田 大然	7	FW	FW	9	都倉 賢
永井 龍	11	FW	FW	20	ブルーノメンデス
交代要員					
杉本 太郎	20	MF	DF	16	片山 瑛一
岩上 祐三	47	MF	MF	32	田中亜土夢
レアンドロペレイラ	10	FW			

▶得点者【C】ブルーノメンデス(前21) 奥埜(後38)
▶交代【松】中美(後22杉本) 前田(後23レアンドロペレイラ) 田中隼(後37岩上)【C】清武(後46田中) 水沼(後49片山)
▶入場者数 18,397人 ▶天候 晴

C大阪に0-2で敗れた。2連敗で勝ち点11は変わらず、11位から12位に後退した。

松本山雅はワントップのレアンドロペレイラに代えて永井を6試合ぶりに先発起用。3試合ぶりに先発メンバーを変更した。4戦未勝利だったC大阪は前節から先発5人を入れ替えた。

松本山雅は前半21分、自陣左からのクロスをブルーノメンデスに頭で決められて先制を許した。後半は杉本やレアンドロペレイラを投入して反撃を試みたが好機を生かせず、逆に38分にシュートのこぼれ球を奥埜に押し込まれてリードを広げられた。

■今井

「(前半の失点場面は)自分がしっかりと抑えなければいけなかった。全力を出しても勝てない試合もあるけれど、勝ち点0を1に、1を3にできるように泥くさくやっていかなければいけない」

キーワード　織り込み済みだったが、やられた

■飯田　前半は守備のバランスを崩さないようにしすぎたことで、特に相手の右サイドバックに時間をつくられていいボールを入れられた。織り込み済みだったけれど、それでもやられた。力足らずだった。チームとしてそう戦おうと決めていたが、理想を言えば後半のように(高い位置から相手ボールに)寄せたかった。

5/26 第13節 豊田スタジアム　12位

名古屋グランパス 0-1 松本山雅FC

5試合ぶりの1得点守る

名古屋		松本
0		1
0	前	1
0	後	0
8	SH	7
7	GK	13
4	CK	7
24	FK	9

ランゲラック	1	GK	GK	1	守田　達弥
宮原　和也	6	DF	DF	5	今井　智基
中谷進之介	20	DF	DF	4	飯田　真輝
丸山　祐市	17	DF	DF	31	橋内　優也
吉田　豊	23	DF	MF	3	田中　隼磨
ガブリエルシャビエル	10	MF	MF	6	藤田　息吹
米本　拓司	2	MF	MF	35	宮阪　政樹
ジョアンシミッチ	8	MF	MF	13	中美　慶哉
和泉　竜司	29	MF	MF	20	杉本　太郎
赤﨑　秀平	32	FW	FW	10	レアンドロペレイラ
長谷川アーリアジャスール	9	FW	FW	7	前田　大然
交代要員					
榎本　大輝	28	MF	MF	47	岩上　祐三
マテウス	11	FW	FW	9	高崎　寛之
前田　直輝	25	FW	FW	11	永井　龍

▶得点者【松】杉本(前16)
▶交代【松】レアンドロペレイラ(後17永井) 杉本(後33岩上) 前田(後50高崎) 【名】赤﨑(後1前田) 宮原(後31榎本) 長谷川(後38マテウス)
▶警告・退場【松】宮阪、永井【名】赤﨑
▶入場者数　29,181人　▶天候　晴

名古屋に1-0で勝った。5試合ぶりの白星で勝ち点15に伸ばし12位に順位を上げた。

松本山雅はボランチのパウリーニョに代えて藤田が9試合ぶりに先発出場。得点源のジョーをけがで欠いた名古屋は前節から先発2人を入れ替えた。

松本山雅は前半16分、自陣ゴール前で奪ったボールからカウンター攻撃。右サイドをドリブルで駆け上がった前田はゴール正面で相手に食い止められたが、そのこぼれ球を杉本が左足で決めて先制した。後半は名古屋の前田に自陣左サイドを何度も破られたが、激しい守備で得点を許さず、5試合ぶりに挙げた1得点を守りきった。

■橋内
「(試合3日前の)練習でお互いの考えをぶつけ合って、どう守るかをチームとして整理できていたことが大きかった。ミスもあったけれど、全員が前向きにひた向きにプレーできた。こういう試合を1試合でも多くしていきたい」

キーワード　この戦い方をスタンダードに

■田中隼　今週は気持ちの入った練習ができた。その姿勢が今日のピッチに表れていた。球際の激しさは、(後手に回った)1週間前とは別のチームのような違いがあった。この戦い方をスタンダードにしていかなければいけない。(J1通算400試合出場達成について)個人的な感情は内に秘めて、今日は勝つことだけを考えてプレーした。

5/18 第12節 カシマスタジアム　13位

鹿島アントラーズ 5-0 松本山雅FC

圧力に押され5失点大敗

鹿島		松本
5		0
1	前	0
4	後	0
13	SH	5
7	GK	5
10	CK	0
15	FK	12

クォンスンテ	1	GK	GK	1	守田　達弥
永木　亮太	6	DF	DF	5	今井　智基
チョンスンヒョン	5	DF	DF	4	飯田　真輝
犬飼　智也	39	DF	DF	31	橋内　優也
安西　幸輝	22	DF	MF	3	田中　隼磨
三竿　健斗	20	MF	MF	14	パウリーニョ
レオ　シルバ	4	MF	MF	35	宮阪　政樹
レアンドロ	11	MF	MF	13	中美　慶哉
白崎　凌兵	41	MF	MF	20	杉本　太郎
土居　聖真	8	FW	FW	7	前田　大然
セルジーニョ	18	FW	FW	10	レアンドロペレイラ
交代要員					
山本　脩斗	16	DF	MF	25	町田也真人
中村　充孝	13	MF	FW	9	高崎　寛之
伊藤　翔	15	FW	FW	11	永井　龍

▶得点者【鹿】レオシルバ(前25)白崎(後2、後20) セルジーニョ(後9) 中村(後38)
▶交代【松】パウリーニョ(後14町田) 前田(後22永井) レアンドロペレイラ(後38高崎) 【鹿】三竿(後17山本) 土居(後27中村) セルジーニョ(後38伊藤)
▶警告・退場【松】今井
▶入場者数　20,700人　▶天候　晴

鹿島に0-5で大敗。今季最多失点で4戦未勝利。

松本山雅は、開幕からフル出場してきた高橋が脚を痛めて欠場。代わりに中美が中盤の左で先発した。左脚の故障から復帰した町田が9試合ぶりにベンチ入りし、後半14分から途中出場した。鹿島は前節と同じ先発で臨んだ。

立ち上がりから押し込まれる時間が続いた松本山雅は、前半25分に自陣左からのクロスをレオシルバに決められて先制を許した。後半2分にカウンター攻撃から白崎に追加点を決められると、その後も鹿島の攻勢を止められず失点を重ねた。数少ない好機もゴールにつなげられず、4試合連続となる無得点に終わった。

■前田
「相手はシンプルにうまいし、強かった。自分たちはびびりながらやっている感じで、全く通用しなかった。前半に脚を痛め、後半は力が入らなかった。万全の状態でやりたかったという悔しさがある」

キーワード　根本のところで上回られた

■守田　球際や走るという根本のところで相手に上回られた。戦術的なことよりも、そのことが敗因。鹿島はそこにこだわりを持っているチームで、自分たちは後手に回った。(完敗を受けて)何かを変えるというよりも、原点に返って自分たちがやるべきことをやるしかない。次に向けて気持ちを切り替えることも大事になる。

6/15 第15節 サンプロアルウィン　14位

松本山雅FC 0-1 ベガルタ仙台

力出せず下位に痛い黒星

松本		仙台
0		1
0	前	1
0	後	0
11	SH	9
8	GK	7
0	CK	5
13	FK	13

守田　達弥	1	GK	GK	1	シュミットダニエル
今井　智基	5	DF	DF	13	平岡　康裕
飯田　真輝	4	DF	DF	23	シマオマテ
橋内　優也	31	DF	DF	2	永戸　勝也
田中　隼磨	3	MF	MF	17	富田　晋伍
藤田　息吹	6	MF	MF	8	松下　佳貴
宮阪　政樹	35	MF	MF	4	蜂須賀孝治
高橋　諒	42	MF	MF	18	道渕　諒平
永井　龍	11	FW	FW	7	関口　訓充
レアンドロペレイラ	10	FW	FW	11	石原　直樹
杉本　太郎	20	FW	FW	38	長沢　駿
交代要員					
エドゥアルド	15	DF	DF	27	大岩　一貴
塚川　孝輝	17	MF	MF	14	石原　崇兆
高崎　寛之	9	FW	FW	9	ハモンロペス

▶得点者【仙】道渕(前36)
▶交代【松】橋内(前13エドゥアルド) レアンドロペレイラ(後25高崎) 杉本(後35塚川) 【仙】石原直(後21ハモンロペス) 関口(後29石原崇) 長沢(後43大岩)
▶入場者数　14,078人　▶天候　曇時々雨

仙台に0-1で敗れた。3試合ぶりの黒星で14位に後退。

松本山雅は日本代表遠征で不在の前田に代わり、永井が5試合ぶりに先発して攻撃的な1.5列目に入った。仙台も前節から先発1人を入れ替えた。

松本山雅は前半13分に橋内が右脚を痛めて交代を余儀なくされるアクシデント。同36分には自陣右からのクロスを仙台の道渕に頭で決められ先制を許した。松本山雅は攻勢を強めた時間帯もあったが最後まで相手守備を崩せず、仙台に逃げ切られた。

■永井
「チームのスタイルとして仕方がない部分もあるけれど、前を向いた時に厚みのある攻撃ができていない。ただ、下を向いても何もない。ここを乗り越えなければいけない」

■守田
「(失点の)予兆はあったけれど、試合の中でどう断ち切るかが大事だった。こういう試合をしていては(勝利の)結果は自分たちの方に転んでこない。もっと危機感を持たなければいけない」

キーワード　言われたことはできるけれど…

■高橋　仙台が自分たちのことを分析してきて、攻撃も守備も嫌なことをされてやりづらかった。今の自分たちは監督に言われたことはできるけれど、そうでないことが起きると対応できない課題がある。今日はそれが出てしまった。(失点場面は)自分が締めた(ゴール前に入る)方がよかったと思うけれど、ゴール前で余っていた選手が対応すれば防げたはず。

6/1 第14節 サンプロアルウィン　12位

松本山雅FC 1-1 清水エスパルス

煮え切らない引き分け

松本		清水
1		1
0	前	0
1	後	1
7	SH	9
10	GK	9
3	CK	3
12	FK	12

守田　達弥	1	GK	GK	1	西部　洋平
今井　智基	5	DF	DF	18	エウシーニョ
飯田　真輝	4	DF	DF	3	ファンソッコ
橋内　優也	31	DF	DF	26	二見　宏志
田中　隼磨	3	MF	DF	25	松原　后
藤田　息吹	6	MF	MF	7	六平　光成
宮阪　政樹	35	MF	MF	6	竹内　涼
高橋　諒	42	MF	MF	30	金子　翔太
杉本　太郎	20	MF	MF	20	中村　慶太
レアンドロペレイラ	10	FW	FW	23	北川　航也
前田　大然	7	FW	FW	49	ドウグラス
交代要員					
中美　慶哉	13	MF	DF	2	立田　悠悟
岩上　祐三	47	MF	MF	16	西澤　健太
永井　龍	11	FW	FW	34	滝　裕太

▶得点者【松】レアンドロペレイラ(後22) 【清】ドウグラス(後33)
▶交代【松】レアンドロペレイラ(後29永井) 杉本(後42中美) 高橋(後48岩上) 【清】中村(後18西澤) 金子(後31滝) 北川(後47立田)
▶警告・退場【松】永井【清】中村、六平、北川
▶入場者数　16,236人　▶天候　晴

清水と1-1で引き分け、2連勝はならず。

松本山雅は高橋が3試合ぶりに先発復帰し、中美に代わって中盤の左に入った。清水は前節と同じ先発で臨んだ。

松本山雅は後半20分、レアンドロペレイラが敵陣で奪ったボールをドリブルでペナルティーエリア内に持ち込むと、相手に倒されてPKを獲得。22分にこれを自ら決めて先制した。しかし、同33分にGK守田がドウグラスを倒して与えたPKを決められて同点に追い付かれ、その後は勝ち越すことができなかった。

■反町監督
「得点した後に守ろうという意識が強くなって休んでしまったことで、集中力を欠いて(PKを与える)あの形になってしまった。お互いに決定的なチャンスが少なく、しかもシュートが枠に飛ばないという相変わらずの展開。スペースを使って崩すことがチームの特長だが、うまく意思の統一ができなかった」

キーワード　効果的に攻められなかった

■藤田　ボールは奪えるけれど、そこからの攻撃ができなかった。ボールを持っても効果的に攻められなかった。個人的に攻撃に課題があると感じている。背後に起点をつくりたいというチームの狙いがあったけれど、清水の最終ラインが低くてスペースがなく、狙えなかった部分もある。前半から意識を統一してプレーできればよかった。

J1リーグ戦　全34試合

6/22　第16節　日産スタジアム　16位

横浜F・マリノス　1-0　松本山雅FC

連敗で今季ワースト16位

横浜M	1		0	松本
	0	前	0	
	1	後	0	
	11	SH	7	
	7	GK	11	
	10	CK	6	
	15	FK	8	

朴　一圭	1	GK	GK	1	守田　達弥
和田　拓也	33	DF	DF	5	今井　智基
チアゴマルチンス	13	DF	DF	4	飯田　真輝
畠中槙之輔	44	DF	DF	15	エドゥアルド
ティーラトン	5	DF	MF	3	田中　集磨
喜田　拓也	8	MF	MF	6	藤田　息吹
天野　純	10	MF	MF	35	宮阪　政樹
山田　康太	14	MF	MF	42	高橋　諒
仲川　輝人	23	FW	MF	14	パウリーニョ
エジガルジュニオ	30	FW	FW	11	永井　龍
遠藤　渓太	11	FW	FW	19	山本　大貴
交代要員					
大津　祐樹	7	MF	MF	13	中美　慶哉
			MF	17	塚川　孝輝
			FW	9	高崎　寛之

▶得点者【M】エジガルジュニオ(後35)
▶交代【松】山本大(後12中美) 永井(後26高崎) 宮阪(後44塚川) 【M】山田(後19大津)
▶警告・退場【松】田中隼 【M】和田
▶入場者数　27,364人　▶天候　曇

横浜Mに0-1で敗れた。2連敗で勝ち点16は変わらず今季ワーストの16位に後退。

松本山雅は前節から先発を3人入れ替え、今季初めて3-5-2の布陣でスタートした。レアンドロペレイラに代えて山本大が初先発して永井と2トップを組み、中盤はパウリーニョが4試合ぶりに先発復帰。3バックの左は右膝を痛めた橋内に代わりエドゥアルドが11試合ぶりに先発した。

松本山雅は前半から守備に追われる時間が長かったが、積極的に相手ボールに寄せる守りでゴールを割らせない時間が続いた。しかし、後半35分にエジガルジュニオに先制点を決められると、好機を生かせず2試合続けて無得点で敗れた。

■藤田
「今日は自分たちらしさを取り戻すと監督から言われていた。下を向くような内容ではないし、後半戦につながる試合だった。同じコンセプトで、継続していいパフォーマンスを出せるかが大事になる」

キーワード　自分たちらしさを出せた

■宮阪　いい戦いができていたので、もったいない。監督から『エンジン全開でいける選手を使う』と言われ、最初から自分たちらしさを出すことで相手の強みを消すことができていたと思う。どのシステムでも、誰が試合に出ても、自分たちらしさを共有できるかがこの先に向けて大事になる。(前半26分の)決定機を決められなかったのは、自分自身の力不足。

6/29　第17節　サンプロアルウィン　17位

松本山雅FC　1-3　ガンバ大阪

自動降格圏で前半戦終了

松本	1		3	G大阪
	0	前	1	
	1	後	2	
	15	SH	14	
	9	GK	10	
	4	CK	4	
	6	FK	17	

守田　達弥	1	GK	GK	1	東口　順昭
當間　建文	18	DF	DF	5	三浦　弦太
飯田　真輝	4	DF	DF	19	金　英權
今井　智基	5	DF	DF	27	髙尾　瑠
田中　集磨	3	MF	MF	6	田中　達也
藤田　息吹	6	MF	MF	7	遠藤　保仁
宮阪　政樹	35	MF	MF	10	倉田　秋
高橋　諒	42	MF	MF	21	矢島　慎也
杉本　太郎	20	MF	FW	16	ファンウィジョ
前田　大然	7	FW	FW	38	中村　敬斗
高崎　寛之	9	FW	FW	40	食野亮太郎
交代要員					
中美　慶哉	13	MF	DF	4	藤春　廣輝
岩上　祐三	47	MF	MF	29	髙江　麗央
レアンドロペレイラ	10	FW	FW	9	アデミウソン

▶得点者【松】飯田(後15)【G】ファンウィジョ(前26、後37) 倉田(後18)
▶交代【松】田中隼(後23岩上) 高崎(後31レアンドロペレイラ) 杉本(後36中美)【G】食野(後29アデミウソン) 中村(後30藤春) 遠藤(後37髙江)
▶警告・退場【松】當間、杉本、中美
▶入場者数　15,690人　▶天候　曇のち雨

G大阪に1-3で敗れ、3連敗。4勝4分け9敗の勝ち点16、J2降格圏の17位で前半戦を終えた。

松本山雅は永井とエドゥアルドがけがで欠場し、代わって高崎と當間が初先発。日本代表遠征から戻った前田も先発し、前節採用した2トップから高崎を先頭にしたワントップに戻した。

前半に先制された松本山雅は後半15分、宮阪の左CKを飯田が頭で決めて追い付いた。しかし、直後の同18分にG大阪の倉田に勝ち越し点を奪われると、同37分には追加点を許して突き放された。

■當間
(今季初先発)「試合には違和感なく入れた。(先制点は)僕のマークで決められたけれど、そこをいかに防ぎ、チャンスをいかに決めるかだと思う。ただ、攻撃も守備も意図したプレーができたことは収穫だった」

キーワード　決定力の差が勝敗分けた

■高崎　自分を含めてチャンスを決めきれず、向こうは決めきった。その差が勝敗を分けた。チャンスはいつも以上にあった。シュートも枠には飛んだけれど、威力がなかったりGKの正面だったり…。後がない状況で、みんな重圧を感じながらやっているけれど、その中でもプロなのだから結果を出していかなければいけない。もっと練習していく。

7/7　第18節　札幌ドーム　17位

コンサドーレ札幌　1-1　松本山雅FC

ドローで4試合ぶり勝ち点

札幌	1		1	松本
	1	前	1	
	0	後	0	
	14	SH	10	
	5	GK	11	
	7	CK	3	
	17	FK	14	

クソンユン	25	GK	GK	1	守田　達弥
進藤　亮佑	3	DF	DF	5	今井　智基
キムミンテ	20	DF	DF	4	飯田　真輝
福森　晃斗	5	DF	DF	18	當間　建文
ルーカスフェルナンデス	7	MF	MF	3	田中　集磨
荒野　拓馬	27	MF	MF	6	藤田　息吹
深井　一希	8	MF	MF	35	宮阪　政樹
白井　康介	19	MF	MF	42	高橋　諒
アンデルソンロペス	11	MF	MF	20	杉本　太郎
鈴木　武蔵	9	MF	FW	9	高崎　寛之
ジ　ェ　イ	48	FW	FW	7	前田　大然
交代要員					
宮澤　裕樹	10	MF	MF	13	中美　慶哉
駒井　善成	14	MF	MF	14	パウリーニョ
菅　大輝	4	FW	MF	47	岩上　祐三

▶得点者【松】當間(前31)【札】白井(前7)
▶交代【松】前田(後31中美) 杉本(後41岩上) 藤田(後48パウリーニョ)【札】白井(後19菅) 深井(後26宮澤) 荒野(後37駒井)
▶警告・退場【松】飯田【札】深井
▶入場者数　18,663人　▶天候　屋内

札幌と1-1で引き分け、連敗を3でストップ。順位はJ2降格圏の17位のまま。

松本山雅は前節と同じ先発。札幌は日本代表の菅に代えて白井を中盤の左で先発起用した。

松本山雅は前半7分に白井のゴールで先制を許したが、同31分に右CKの混戦から最後は當間が右足で蹴り込んで同点に追い付いた。後半は札幌に何度も決定機をつくられたが、守備陣が体を張って守り抜き、4試合ぶりの勝ち点を もぎ取った。

■飯田
「残り15分からDFの3人とボランチではリスクを負うことをやめ、勝ち点1を拾う認識だった。DFが競ったボールを(藤田と宮阪の)ボランチ2人が真面目に拾ってくれたことが大きかった」

キーワード　自分たちらしさ取り戻せた

■今井　抽象的な言い方になってしまうが、最後まで体を張ることを意識した。危ない場面はあったけれど、チーム全体で最後まで守ることが自分たちのスタイル。自分たちらしさを取り戻せた試合だった。遠くまで足を運んでくれた(約1000人の)サポーターの皆さんに、少しでもいい気持ちで帰ってもらいたい思いでプレーした。

7/13　第19節　サンプロアルウィン　17位

松本山雅FC　0-1　ジュビロ磐田

6戦勝ち星なし 不運も

松本	0		1	磐田
	0	前	0	
	0	後	1	
	9	SH	11	
	14	GK	8	
	8	CK	4	
	11	FK	18	

守田　達弥	1	GK	GK	21	カミンスキー
今井　智基	5	DF	DF	3	大井健太郎
飯田　真輝	4	DF	DF	4	新里　亮
當間　建文	18	DF	DF	24	小川　大貴
田中　集磨	3	MF	DF	41	高橋　祥平
藤田　息吹	6	MF	MF	7	田口　泰士
宮阪　政樹	35	MF	MF	14	松本　昌也
高橋　諒	42	MF	MF	15	アダイウトン
杉本　太郎	20	MF	MF	17	森谷賢太郎
前田　大然	7	FW	MF	30	上原　力也
高崎　寛之	9	FW	FW	32	中山　仁斗
交代要員					
服部　康平	44	DF	DF	25	大南　拓磨
中美　慶哉	13	MF	MF	19	山田　大記
岩上　祐三	47	MF	FW	11	ロドリゲス

▶得点者【磐】ロドリゲス(後40)
▶交代【松】杉本(後33中美) 藤田(後43服部) 宮阪(後45岩上)【磐】中山(後19ロドリゲス) アダイウトン(後31山田) 松本(後43大南)
▶警告・退場【松】宮阪、當間
▶入場者数　17,188人　▶天候　曇のち雨

磐田に0-1で敗れ、6試合連続の勝利なし。同じ勝ち点で松本山雅、磐田、鳥栖の3チームが並び、得失点差で松本山雅はJ2降格圏の17位。

松本山雅は3試合連続で同じ先発。磐田は前節から先発2人を入れ替えた。松本山雅は前半からセットプレーを中心に磐田ゴールに迫り、後半も前田や杉本が決定的なシュートを放ったが、枠を外したり相手に阻まれたりして得点を決められなかった。後半40分、磐田の縦に速い攻撃からロドリゲスのゴールで先制を許すと、この1点を守りきられた。

■高橋
「ゴールに向かう回数は増えているし、決定機もある。方向性は間違っていないと思う。このチームは一体感が大事。バラバラになって一体感がなくなったら勝ち点は取れない。チームのためにプレーしたい」

キーワード　0-1という結果が全て

■守田　今日は内容うんぬんよりも結果が大事だと思っていた。0-1で負けたという結果が全て。今は正直、悔しい気持ちでいっぱい。失点場面はボールに対してプレスにいけず、引いてしまった。失点をゼロに抑えなければ勝てない。自分たちの責任を突き詰めて、次に向けて気持ちを切り替えてやっていくしかない。

8/4 第21節 等々力陸上競技場 16位

川崎フロンターレ 0-0 松本山雅FC

敵地で王者川崎とドロー

川崎	0				0	松本
		0	前	0		
		0	後	0		
		8	SH	4		
		7	GK	14		
		1	CK	4		
		8	FK	9		
チョンソンリョン	1	GK		GK	1	守田 達弥
登里 享平	2	DF		DF	5	今井 智基
ジェジエウ	4	DF		DF	4	飯田 真輝
谷口 彰悟	5	DF		DF	18	當間 建文
車屋紳太郎	7	DF		MF	3	田中 隼磨
田中 碧	25	MF		MF	6	藤田 息吹
下田 北斗	22	MF		MF	14	パウリーニョ
中村 憲剛	14	MF		MF	42	高橋 諒
家長 昭博	41	MF		MF	20	杉本 太郎
齋藤 学	19	MF		MF	8	セルジーニョ
知念 慶	20	FW		FW	50	阪野 豊史
			交代要員			
長谷川竜也	16	MF		DF	2	浦田 延尚
レアンドロダミアン	9	FW		MF	25	町田也真人
小林 悠	11	FW		FW	9	高崎 寛之

▶交代【松】當間（後1浦田） セルジーニョ（後34町田） 阪野（後46高崎）【川】知念（後18レアンドロダミアン） 齋藤（後29長谷川） 下田（後32小林）
▶警告・退場【松】當間
▶入場者数 22,807人 ▶天候 晴

川崎と0-0で引き分けた。8試合ぶりの無失点で、2試合続けて勝ち点1を上積みして勝ち点19。順位は16位のまま。

松本山雅は前節から先発3人を入れ替えた。7月にJ2山形から加入した阪野が初先発でワントップに入り、前田が移籍で抜けた攻撃的な1.5列目はセルジーニョが16試合ぶりに先発。ボランチは宮阪に代えて藤田を起用した。中3日の川崎は前節から先発5人を入れ替えた。

大半の時間帯で川崎にボールを保持されたが、松本山雅は最後まで集中力を切らさず川崎に決定機をつくらせなかった。後半は阪野や町田がゴールに迫る場面もあったが得点できず、8試合ぶりの勝利はならなかった。

■浦田
（けがによる長期離脱から復帰してJ1初出場）「急な出番で難しかったが、勝ち点1を持ち帰れてよかった。最後まで隙や穴をつくらない意識だった。残された試合は少ないけれど、自分の良さを出し、チームに貢献したい」

キーワード 勝ち点1を前向きに捉えたい

■田中隼 練習してきたことをピッチで表現できた。欲を言えば、何度かゴールに向かった中で仕留める力があれば勝ち点3を得ることができたが、この勝ち点1を前向きに捉えたい。（2011年に急逝し、この日が命日の松田直樹さんと同じ）背番号3をつけている限り、彼の思いを持って戦っていることはこれまでもこれからも変わらない。

7/20 第20節 サンプロアルウィン 16位

松本山雅FC 2-2 サンフレッチェ広島

執念で価値あるドロー

松本	2				2	広島
		0	前	0		
		2	後	2		
		7	SH	12		
		6	GK	5		
		4	CK	4		
		15	FK	9		
守田 達弥	1	GK		GK	1	林 卓人
今井 智基	5	DF		DF	2	野上 結貴
飯田 真輝	4	DF		DF	23	荒木 隼人
當間 建文	18	DF		DF	19	佐々木 翔
田中 隼磨	3	MF		MF	44	ハイネル
パウリーニョ	14	MF		MF	40	川辺 駿
宮阪 政樹	35	MF		MF	15	稲垣 祥
高橋 諒	42	MF		MF	18	柏 好文
杉本 太郎	20	MF		MF	30	柴﨑 晃誠
高崎 寛之	9	FW		MF	14	森島 司
前田 大然	7	FW		FW	20	ドウグラスヴィエイラ
			交代要員			
高木 利弥	39	DF		MF	17	松本 泰志
安東 輝	32	MF		FW	16	渡 大生
阪野 豊史	50	FW		FW	10	パトリック

▶得点者【松】前田（後25）パウリーニョ（後50）【広】柏（後6）パトリック（後40）
▶交代【松】高崎（後14阪野） 高橋（後41高木） 宮阪（後45安東）【広】ドウグラス（後30パトリック） 柴﨑（後34松本） 森島（後41渡）
▶警告・退場【広】ドウグラス、野上、ハイネル
▶入場者数 14,907人 ▶天候 曇時々雨

広島と2-2で引き分けた。7試合ぶり勝利はならなかったが、2度追い付く粘りで勝ち点1を上積み。16位に浮上した。

松本山雅はボランチの藤田に代えてパウリーニョを4試合ぶりに先発起用。新戦力の阪野と高木がそろってベンチに入り、ともに途中出場した。広島はドウグラスがワントップで3試合ぶりに先発した。

後半6分に広島の柏に先制ゴールを許した松本山雅は同25分、田中隼の折り返しを前田が右足で決めて同点。同40分には広島のパトリックのゴールで勝ち越されたが、終了間際の同50分にパウリーニョが左足で決めて再び追い付いた。

■高木
（J2柏から移籍加入し、途中出場で松本山雅デビュー）「リードされていたので、とにかく前へ攻める気持ちで入った。このスタジアムの雰囲気は心強い。もっとプレー時間を増やして特長を出していきたい」

キーワード 勝ち点1でも取りたい

■阪野 チームに貢献して勝ち点1でも取りたい気持ちだった。攻撃のアクションを増やして前で起点になることができ、（守備ラインの）裏でボールを受けることもできた。ただ、もっとできる。周りとの連係を深めて、チームに貢献する中で自分もゴールが取れるようにしていきたい。

8/18 第23節 サンプロアルウィン 17位

松本山雅FC 1-1 名古屋グランパス

終了間際に追い付かれる

松本	1				1	名古屋
		0	前	0		
		1	後	1		
		13	SH	8		
		7	GK	10		
		2	CK	6		
		17	FK	15		
守田 達弥	1	GK		GK	1	ランゲラック
飯田 真輝	4	DF		DF	6	宮原 和也
橋内 優也	31	DF		DF	20	中谷進之介
水本 裕貴	41	DF		DF	34	藤井 陽也
田中 隼磨	3	MF		DF	23	吉田 豊
藤田 息吹	6	MF		MF	25	前田 直輝
パウリーニョ	14	MF		MF	21	エドゥアルドネット
高橋 諒	42	MF		MF	8	ジョアンシミッチ
セルジーニョ	8	MF		MF	29	和泉 竜司
阪野 豊史	50	FW		FW	7	ジョー
永井 龍	11	FW		FW	10	ガブリエルシャビエル
			交代要員			
杉本 太郎	20	MF		DF	36	太田 宏介
高崎 寛之	9	FW		MF	9	長谷川アーリアジャスール
				FW	32	赤﨑 秀平

▶得点者【松】永井（後35）【名】赤﨑（後47）
▶交代【松】阪野（後36杉本） 永井（後44高崎）【名】前田（後37赤﨑） 藤井（後43長谷川） ジョアンシミッチ（後46太田）
▶警告・退場【松】パウリーニョ
▶入場者数 18,311人 ▶天候 晴

名古屋に終了間際に追い付かれ、1-1で引き分けた。連敗は回避したが10戦連続未勝利。17位のまま。

松本山雅は前節から先発2人を変更。右膝のけがから8試合ぶりに復帰した橋内が3バックの右に入り、攻撃的な1.5列目は杉本に代えて永井を7試合ぶりに起用した。名古屋は2試合続けて同じ先発で臨んだ。

松本山雅は高い位置から圧力をかける守備が機能。前半からいい形でボールを奪い、多くのチャンスをつくった。両チーム無得点で迎えた後半35分、セルジーニョのスルーパスに抜け出した永井が右足で決めて先制に成功。しかし、同47分に名古屋の赤崎に同点ゴールを許し勝利を逃した。

■藤田
「パスを前に当て、（ペナルティー）ボックス内に入っていくという、練習でやってきた成果を試合で出せた。ただ、自分も含めてチャンスを外している。複数得点が取れればよかった」

キーワード 勝ち点3取らなければ

■橋内 いいゲームをしても勝ち点3を取らなければ上に上がっていけない。逆に苦しいゲームでも勝ち点3を取れた方がいい。（残留争いをする）鳥栖や神戸が昨日の試合で勝っていることを踏まえれば、勝ち点1では厳しい。もちろん、次につながるような内容の試合ができたけれど、もう目の前の試合で結果を出さなければいけない段階にきている。

8/10 第22節 IAIスタジアム日本平 17位

清水エスパルス 1-0 松本山雅FC

ミスで失点 痛い黒星

清水	1				0	松本
		1	前	0		
		0	後	0		
		7	SH	2		
		3	GK	10		
		5	CK	8		
		18	FK	7		
西部 洋平	1	GK		GK	1	守田 達弥
エウシーニョ	18	DF		DF	5	今井 智基
吉本 一謙	4	DF		DF	4	飯田 真輝
二見 宏志	26	DF		DF	41	水本 裕貴
松原 后	25	DF		MF	3	田中 隼磨
ヘナトアウグスト	22	MF		MF	6	藤田 息吹
竹内 涼	6	MF		MF	14	パウリーニョ
金子 翔太	30	MF		MF	42	高橋 諒
西澤 健太	16	MF		MF	8	セルジーニョ
河井 陽介	17	FW		MF	20	杉本 太郎
ドウグラス	49	FW		FW	50	阪野 豊史
			交代要員			
立田 悠悟	2	DF		MF	35	宮阪 政樹
六平 光成	7	MF		MF	25	町田也真人
ジュニオールドゥトラ	11	FW		FW	11	永井 龍

▶得点者【清】ドウグラス（前18）
▶交代【松】藤田（後1宮阪） 杉本（後26町田） パウリーニョ（後42永井）【清】エウシーニョ（後39立田） 河井（後44ジュニオールドゥトラ） 金子（後51六平）
▶警告・退場【松】今井【清】松原、吉本、エウシーニョ
▶入場者数 16,017人 ▶天候 晴

清水に0-1で敗れ、3試合ぶりの黒星。再び自動降格圏の17位に転落した。

松本山雅はJ1広島から期限付き移籍で加入した水本が3バックの左で先発。清水は2試合続けて同じ先発で臨んだ。

松本山雅は序盤から押し込んだが先制点を奪えずにいると、前半18分に清水の左CKをGK守田がキャッチミス。このボールをドウグラスに決められて先制を許した。その後は自陣を固めた清水の守備を崩せず、2試合連続の無得点で敗れた。

■水本
（J1広島から期限付き移籍加入してフル出場）「自分のプレーで勝利に貢献したかった。この敗戦の悔しさを生かして次は勝ち点3を取りたい。松本山雅の練習をしていけばコンディションは上がっていく」

■宮阪
（後半から途中出場）「パスのタイミングやサイドチェンジで攻撃のリズムをつくる意識だった。分析と違うやり方の相手を、選手が感じて、どうしていくかを考えなければいけなかった」

キーワード 失点で残念な流れに

■反町監督 サッカーにはリズムがある。それを大きく変えるのが得点と失点。（前半18分にミスから失点し）残念な流れになったことは否定できない。どっちに転んでもおかしくないゲームで、決める選手がいるチームといないチーム（の差が出た）という言い方にもなる。攻撃ではサイドでの優位性を生かせず、違いを出せなかった。これが現実。下を向かずに出直したい。

8/31 第25節 サンプロアルウィン 17位

松本山雅FC 0-0 大分トリニータ

ゴール遠く 無得点ドロー

松本	0	0	前	0	0	大分
		0	後	0		

6	SH	14
11	GK	4
1	CK	5
5	FK	10

守田 達弥	1	GK	GK	1	高木 駿
橋内 優也	31	DF	DF	3	三竿 雄斗
飯田 真輝	4	DF	DF	5	鈴木 義宜
水本 裕貴	41	DF	DF	29	岩田 智輝
田中 隼磨	3	MF	MF	4	島川 俊郎
藤田 息吹	6	MF	MF	6	小林 裕紀
宮阪 政樹	35	MF	MF	7	松本 怜
高橋 諒	42	MF	MF	50	田中 達也
セルジーニョ	8	MF	FW	37	嶋田慎太郎
阪野 豊史	50	FW	FW	44	ティティパン
永井 龍	11	FW	FW	45	オナイウ阿道
交代要員					
杉本 太郎	20	MF	MF	14	小塚 和季
町田也真人	25	MF	FW	18	伊佐 耕平
山本 真希	26	MF	FW	27	三平 和司

▶交代【松】永井(後26町田) 藤田(後44山本) セルジーニョ(後45杉本)【分】島川(後26小塚) 嶋田(後32伊佐) ティティパン(後40三平)
▶警告・退場【松】セルジーニョ
▶入場者数 16,568人 ▶天候 晴

大分と0-0で引き分け、2連勝ならず。J2降格圏の17位のまま。

松本山雅は出場停止のパウリーニョに代わり宮阪を5試合ぶりに先発起用。大分は前節から先発2人を入れ替えた。試合は大半の時間で大分がボールを保持。松本山雅は我慢強く守り、後半の立ち上がりには田中隼や高橋による波状攻撃でゴールに迫ったが、最後まで得点できなかった。

■橋内
「攻撃の課題が顕著に出た。前半から周りに声を掛けていたけれど、(攻撃面で)練習してきたことを試合でできなかった。練習してきたことをチャレンジした方がよかった」

■水本
「奪ったボールがうまくつながらず、自分もフィードのミスがあった。そこがうまくできれば攻撃の第一歩になる。次までの2週間でいい準備をしたい。課題の攻撃はトレーニングを積む必要がある」

キーワード　奪ったボールを攻撃につなげられず

■藤田　奪ったボールをいい攻撃につなげることができなかった。相手のプレスは速くなかったのに、それでもつなげなかったことで点が取れなかった。前線に厚みがなかったこともあるけれど、個人の技術的な問題。奪ったボールを丁寧に展開できていれば、もう少しいい形で攻撃ができたと思う。

8/23 第24節 埼玉スタジアム 17位

浦和レッズ 1-2 松本山雅FC

逆転で11戦ぶり白星

浦和	1	1	前	0	2	松本
		0	後	2		

14	SH	9
4	GK	10
3	CK	8
11	FK	15

西川 周作	1	GK	GK	1	守田 達弥
橋岡 大樹	27	DF	DF	31	橋内 優也
森脇 良太	46	DF	DF	4	飯田 真輝
槙野 智章	5	DF	DF	41	水本 裕貴
宇賀神友弥	3	MF	MF	3	田中 隼磨
柴戸 海	29	MF	MF	6	藤田 息吹
阿部 勇樹	22	MF	MF	14	パウリーニョ
柏木 陽介	10	MF	MF	42	高橋 諒
山中 亮輔	6	MF	MF	8	セルジーニョ
興梠 慎三	30	FW	FW	50	阪野 豊史
ファブリシオ	12	FW	FW	11	永井 龍
交代要員					
長澤 和輝	7	MF	MF	25	町田也真人
関根 貴大	41	MF	MF	35	宮阪 政樹
武藤 雄樹	9	FW	FW	9	高崎 寛之

▶得点者【松】阪野(後30) 高橋(後38)【浦】ファブリシオ(前19)
▶交代【松】藤田(後20町田) セルジーニョ(後37宮阪) 阪野(後48高崎)【浦】柏木(後19武藤) 宇賀神(後31関根) ファブリシオ(後34長澤)
▶警告・退場【松】パウリーニョ【浦】関根
▶入場者数 27,038人 ▶天候 曇

浦和に2-1で逆転勝ち。松本山雅初のJ1リーグ戦の逆転勝ちで、11試合ぶりの勝利。だが、17位のまま。

松本山雅は2試合連続で同じ先発メンバー。8月27日にアジア・チャンピオンズリーグ(ACL)準々決勝を控える浦和は、前節から先発7人を入れ替えた。

松本山雅は前半19分、自陣左サイドを破られると、橋岡のクロスをファブリシオに押し込まれて先制を許した。後半途中から攻撃的な布陣に変更した松本山雅は後半30分、高橋のクロスを阪野が頭で決めて同点。さらに同38分、永井の右クロスを高橋が右足で直接蹴り込んで逆転した。

■反町監督
「先制されると難しいかなというのが正直なところだった。(前半に先制されたが)後半は20分まで我慢して、そこから(町田)也真人を入れてモードを変え、それが少しずつ奏功した。一つ勝っただけでは何も状況は変わらない。次の試合がより大事になる」

キーワード　逆転勝ち素直にうれしい

■町田　逆転勝ちは素直にうれしい。(後半20分から投入され)中盤にスペースが空いていたので、パスを出して受けて動くということを繰り返し、リズムをつくる意識だった。自分の持ち味を少しは出せたかなと思う。(埼玉県出身で)地元なので、いいところを見せたい気持ちもあった。

9/29 第27節 サンプロアルウィン 17位

松本山雅FC 0-0 FC東京

首位を零封 新攻撃陣躍動

松本	0	0	前	0	0	FC東京
		0	後	0		

8	SH	9
11	GK	3
2	CK	7
12	FK	16

守田 達弥	1	GK	GK	33	林 彰洋
橋内 優也	31	DF	DF	2	室屋 成
飯田 真輝	4	DF	DF	32	渡辺 剛
水本 裕貴	41	DF	DF	3	森重 真人
岩上 祐三	47	MF	DF	14	オジェソク
藤田 息吹	6	MF	MF	7	三田 啓貴
町田也真人	25	MF	MF	8	髙萩洋次郎
高橋 諒	42	MF	MF	18	橋本 拳人
セルジーニョ	8	MF	MF	10	東 慶悟
杉本 太郎	20	MF	FW	9	ディエゴオリベイラ
永井 龍	11	FW	FW	11	永井 謙佑
交代要員					
田中 隼磨	3	DF	FW	16	ジャエル
パウリーニョ	14	MF	FW	17	ナサンホ
阪野 豊史	50	FW	FW	27	田川 亨介

▶交代【松】杉本(後36パウリーニョ) 永井(後39阪野) 岩上(後45田中隼)【F】永井(後25ナサンホ) 三田(後30田川) ディエゴオリベイラ(後40ジャエル)
▶警告・退場【松】飯田【F】オジェソク
▶入場者数 19,271人 ▶天候 晴

FC東京と0-0で引き分け、17位のまま。FC東京は首位をキープした。

松本山雅は前節から先発4人を変更し、中盤の底にアンカーを置く3−5−2の布陣を採用した。中盤の右は田中隼に代えて岩上が23試合ぶりに先発し、初先発の町田と5試合ぶりに先発した杉本が2列目に入った。2トップは2試合ぶりに先発復帰した永井がセルジーニョと組んだ。

松本山雅は前半から厚みのある攻撃を展開したが、後半26分に永井のシュートがバーを直撃するなど最後までゴールを割れなかった。守備では、FC東京の組み立てを粘り強く防ぎ、カウンター攻撃も食い止めて得点を許さなかった。

■岩上
(23試合ぶりに先発)「ホームゲームだったので、久々だという感覚はなくゲームに入れた。後半立ち上がりのチャンスを決めたかったし、中の選手と感覚が合っていたセットプレーで点を取りたかった」

キーワード　勝ち点1は最低限

■町田　(J1初先発)これまでもスタメンかもと思う試合がいくつかあったので、その悔しさをぶつける思いだった。(先発で)試合に出てみて、まだまだだと感じることが多くあった。僕としてはやりやすいシステムだっただけに、個人としてもチームとしても結果を出したかった。きょうの勝ち点1は最低限。良かったことを続けて、次は勝ち点3に貢献したい。

9/14 第26節 ノエビアスタジアム神戸 17位

ヴィッセル神戸 2-1 松本山雅FC

序盤失点 残留へ痛い黒星

神戸	2	1	前	0	1	松本
		1	後	1		

16	SH	11
6	GK	10
7	CK	3
11	FK	12

前川 黛也	1	GK	GK	1	守田 達弥
ダンクレー	33	DF	DF	31	橋内 優也
大﨑 玲央	25	DF	DF	4	飯田 真輝
トーマスフェルマーレン	4	DF	DF	41	水本 裕貴
西 大伍	22	MF	MF	3	田中 隼磨
セルジサンペール	6	MF	MF	6	藤田 息吹
山口 蛍	5	MF	MF	14	パウリーニョ
古橋 亨梧	16	MF	MF	42	高橋 諒
酒井 高徳	24	MF	MF	13	中美 慶哉
ダビドビジャ	7	FW	MF	8	セルジーニョ
田中 順也	21	FW	FW	50	阪野 豊史
交代要員					
郷家 友太	27	MF	MF	20	杉本 太郎
小川慶治朗	13	FW	MF	25	町田也真人
増山 朝陽	20	FW	FW	11	永井 龍

▶得点者【松】セルジーニョ(後48)【神】ダビドビジャ(前13)小川(後35)
▶交代【松】藤田(後20杉本) 阪野(後27永井) 中美(後33町田)【神】古橋(後26小川) ダビドビジャ(後36増山) 田中(後47郷家)
▶警告・退場 なし
▶入場者数 20,215人 ▶天候 晴

神戸に1-2で敗れ、4試合ぶりの黒星。

3−5−2の布陣を採用し、阪野との2トップで中美を13試合ぶりに先発起用。前節は出場停止だったパウリーニョも先発に戻った。神戸は前節から先発2人を入れ替え、左脚を痛めている元スペイン代表のイニエスタはベンチ入りしなかった。

松本山雅は前半13分、自陣右サイドを崩されると、神戸のビジャに技ありのシュートを決められて先制を許した。後半35分に小川の追加点でリードを広げられると、終了間際にセルジーニョのゴールで1点を返したが及ばなかった。

■高橋
「立ち上がりから危ない形を何回もつくられた。チームとして戦うことは大事だけれど、相手の技術が高いと1対1や個人の戦いのところも大事になる。そこで負けているようでは話にならない」

キーワード　惜しかったで終わってしまった

■中美　(13試合ぶりに先発。前半に惜しいシュートを放つが無得点)結局は惜しかったで終わってしまった。シュートまでの流れや自分の形をつくれた場面もあったけれど、それをゴールや勝利につなげることができなかった。ただ、チャンスがある限りチームのためにハードワークして、ゴールを仕留める気持ちを持ち続けたい。

10/5 第28節 ユアテックスタジアム仙台 17位

ベガルタ仙台 0-1 松本山雅FC

5試合ぶり先制点で勝利

仙台	0	前0 後0		前1 後0	1	松本
		18	SH	9		
		7	GK	9		
		13	CK	7		
		5	FK	9		
ヤクブスウォビィク	24	GK		GK	1	守田 達弥
蜂須賀孝治	4	DF		DF	31	橋内 優也
金 正也	39	DF		DF	4	飯田 真輝
平岡 康裕	13	DF		DF	41	水本 裕貴
永戸 勝也	2	DF		MF	47	岩上 祐三
富田 晋伍	17	MF		MF	25	町田也真人
松下 佳貴	8	MF		MF	6	藤田 息吹
道渕 諒平	18	MF		MF	20	杉本 太郎
関口 訓充	7	MF		MF	42	高橋 諒
長沢 駿	38	FW		FW	8	セルジーニョ
ハモンロペス	9	FW		FW	11	永井 龍
交代要員						
兵藤 慎剛	6	MF		DF	3	田中 隼磨
石原 崇兆	14	MF		MF	13	中美 慶哉
ジャーメイン良	19	FW		MF	14	パウリーニョ

▶得点者【松】セルジーニョ（前2）
▶交代【松】町田（後22田中隼） 杉本（後35パウリーニョ） 岩上（後46中美）【仙】関口（後15石原） 道渕（後22兵藤） 富田（後30ジャーメイン）
▶警告・退場　なし
▶入場者数　15,285人　▶天候　晴

仙台に1-0で勝ち、4試合ぶりの勝利で今季6勝目。勝ち点28でJ1に初参戦した2015年の年間勝ち点に並んだ。17位のまま変わらない。

松本山雅は2試合続けて同じ先発メンバー。仙台は出場停止のマテに代わって金正也がセンターバックに入った。松本山雅は前半2分、永井がポストプレーで落としたボールをセルジーニョがペナルティーエリアの外から右足で決めて5試合ぶりに先制点を奪った。その後も攻勢の時間が続いたが追加点を奪えずにいると、次第に仙台ペースに。後半も守勢だったが、守備陣が集中力を切らさず2試合連続の無失点で守りきった。

■藤田
「前半はいい守備からいい攻撃ができた。前線の選手がいいポジションを取っていたので、前にボールが入れやすかった。守備ではスライドを速くして、正しいポジションからボールを奪いにいく意識を徹底した」

キーワード　全員ハードワークできた

■水本　勝ち点3を取ることは本当に難しい。中盤や前線の選手も含めて全員がハードワークできた。そこで相手を上回らなければ勝つことは難しかった。内容を突き詰めていくことも大事だが、今日は勝ったことにフォーカスしたい。（前節の）FC東京戦の勝ち点1が今日の勝利につながっていると言える。

10/18 第29節 サンプロアルウィン 17位

松本山雅FC 1-1 鹿島アントラーズ

連勝ならず粘って勝ち点1

松本	1	前1 後0		前0 後1	1	鹿島
		12	SH	9		
		12	GK	4		
		2	CK	5		
		13	FK	16		
守田 達弥	1	GK		GK	1	クォンスンテ
橋内 優也	31	DF		DF	2	内田 篤人
飯田 真輝	4	DF		DF	27	ブ エ ノ
水本 裕貴	41	DF		DF	5	チョンスンヒョン
岩上 祐三	47	MF		DF	26	小池 裕太
杉本 太郎	20	MF		MF	30	名古新太郎
藤田 息吹	6	MF		MF	37	小泉 慶
町田也真人	25	MF		MF	25	遠藤 康
高橋 諒	42	MF		MF	41	白崎 凌兵
セルジーニョ	8	FW		FW	8	土居 聖真
永井 龍	11	FW		FW	36	上田 綺世
交代要員						
田中 隼磨	3	DF		MF	6	永木 亮太
パウリーニョ	14	MF		MF	19	山口 一真
阪野 豊史	50	FW		MF	11	レアンドロ

▶得点者【松】永井（前9）【鹿】上田（後13）
▶交代【松】セルジーニョ（前36パウリーニョ） 永井（後32阪野） 岩上（後44田中隼）【鹿】内田（後1永木） 遠藤（後34レアンドロ） 名古（後44山口）
▶警告・退場【鹿】遠藤、ブエノ
▶入場者数　19,479人　▶天候　雨

鹿島と1-1で引き分けた。2連勝はならず勝ち点29。順位はJ2降格圏の17位で変わらない。

松本山雅は3試合続けて同じ先発メンバー。けが人が多い鹿島は前節から先発7人を入れ替えた。

松本山雅は前半9分、右CKのこぼれ球を高橋がシュート。これをゴール前の永井が右足でコースを変えて決め、2試合連続で早い時間帯に先制した。しかし、後半13分に与えたPKを鹿島の上田に決められて追い付かれると、その後は守勢に回る時間が増え、勝ち越し点は奪えなかった。

キーワード　2点目が取れない

■永井　（先制ゴールは）ボールがこぼれてきたのは偶然かもしれないが、それをゴールにつなげたことは自信にしたい。ただ、最近は点が取れるようになってきたけれど、いい時間帯で2点目が取れない課題がある。自分にもチャンスはあった。そこで点を取っていかなければ残留はできないと重く受け止めている。

11/2 第30節 ヤンマースタジアム長居 17位

セレッソ大阪 1-1 松本山雅FC

堅守のC大阪を後半攻略

C大阪	1	前1 後0		前0 後1	1	松本
		7	SH	9		
		9	GK	12		
		5	CK	3		
		9	FK	13		
キムジンヒョン	21	GK		GK	1	守田 達弥
松田 陸	2	DF		DF	31	橋内 優也
木本 恭生	3	DF		DF	4	飯田 真輝
マテイヨニッチ	22	DF		DF	41	水本 裕貴
舩木 翔	29	DF		MF	47	岩上 祐三
藤田 直之	5	MF		MF	14	パウリーニョ
水沼 宏太	7	MF		MF	6	藤田 息吹
ソ ウ ザ	11	MF		MF	20	杉本 太郎
奥埜 博亮	25	MF		MF	42	高橋 諒
柿谷曜一朗	8	FW		FW	13	中美 慶哉
鈴木 孝司	18	FW		FW	11	永井 龍
交代要員						
丸橋 祐介	14	DF		DF	3	田中 隼磨
田中亜土夢	32	MF		MF	32	安東 輝
高木 俊幸	13	FW		FW	50	阪野 豊史

▶得点者【松】杉本（後17）【C】ソウザ（前24）
▶交代【松】中美（後27安東） 岩上（後33田中隼） 杉本（後41阪野）【C】舩木（後20丸橋） 水沼（後26高木） 鈴木（後33田中）
▶警告・退場【松】中美【C】ソウザ
▶入場者数　15,696人　▶天候　晴

C大阪と1-1で引き分け、今季最長となる4戦連続無敗で勝ち点30。J2降格圏の17位は変わらないが、横浜Mに1-2で敗れた15位鳥栖との勝ち点差を2に縮めた。

松本山雅は右脚を痛めたセルジーニョに代えて中美をFWで起用。さらに前日練習で右脚を痛めた町田がメンバーから外れ、パウリーニョが2列目に入った。

先制はC大阪。前半24分に松田の右クロスをソウザが頭で決めた。後半は松本山雅が高い位置から相手ボールに圧力をかけて流れを引き寄せると、17分にペナルティーエリア内で永井のパスを受けた杉本が右足で決めて追い付いた。勝ち越し点は奪えなかったが、C大阪の攻撃をゴール前ではね返して2点目は与えず、敵地で貴重な勝ち点1を得た。

キーワード　前半は我慢、後半から前へ

■飯田　C大阪は後半に失点が多い。前の選手は最初から（プレスに）いきたかったと思うが、前半は我慢して、後半10分すぎから前から（プレスに）いこうと話していた。前半の失点は（DF）3人のバランスが崩れてしまったが、それ以外はブロックをつくれば流れの中では危ないシーンは少なかった。

11/10 第31節 駅前不動産スタジアム 17位

サガン鳥栖 1-0 松本山雅FC

勢いに耐えきれず重い失点

鳥栖	1	前1 後0		前0 後0	0	松本
		7	SH	5		
		7	GK	3		
		9	CK	4		
		14	FK	18		
高丘 陽平	18	GK		GK	1	守田 達弥
金井 貢史	5	DF		DF	31	橋内 優也
高橋 祐治	3	DF		DF	4	飯田 真輝
高橋 秀人	36	DF		DF	41	水本 裕貴
原 輝綺	22	MF		MF	47	岩上 祐三
原川 力	4	MF		MF	20	杉本 太郎
パクジョンス	15	MF		MF	6	藤田 息吹
三丸 拡	2	MF		MF	14	パウリーニョ
小野 裕二	40	FW		MF	42	高橋 諒
金崎 夢生	44	FW		FW	13	中美 慶哉
金森 健志	39	FW		FW	11	永井 龍
交代要員						
福田 晃斗	6	MF		MF	32	安東 輝
高橋 義希	14	MF		FW	9	高崎 寛之
豊田 陽平	11	FW		FW	50	阪野 豊史

▶得点者【鳥】金井（前13）
▶交代【松】中美（後11阪野） パウリーニョ（後31安東） 藤田（後37高崎）【鳥】金森（後22豊田） 小野（後38福田） 原川（後47高橋義）
▶警告・退場【鳥】金森、高丘、原川
▶入場者数　16,313人　▶天候　晴

勝ち点差2で追う鳥栖に1-0で敗れた。残留争いの直接対決で黒星を喫し、勝ち点30でJ2自動降格圏の17位のまま。15位との勝ち点差は5に開いた。16位湘南とは勝ち点差1のまま変わらない。最下位の磐田は16位以下が確定した。

松本山雅は2試合続けて同じ先発メンバー。鳥栖は前節から先発3人を入れ替えた。序盤は鳥栖に押し込まれ、前半13分に自陣右サイドで与えたFKから鳥栖の金井に頭で決められて先制を許した。後半は早めの選手交代で盛り返す時間帯もあったが決め手を欠き、4試合ぶりの無得点に終わった。

■水本
「今日のゲームの意味はみんな分かっていたが、立ち上がりは相手が良くて受けに回ってしまった。残り3試合は全て勝つつもりでやる。そのためにも一日一日をしっかり準備して、試合に臨めるようにしたい」

キーワード　負けてはいけない試合で負けた

■橋内　これが今の実力。負けてはいけない試合で負けてしまった。このまま連敗してしまうと（自動降格が決まって）シーズンが終わりかねない。立て直さなければいけないし、残り3試合は諦めずに勝ち点を取っていかなければいけない。結果論になるが、前線の選手の特長を生かして攻撃を組み立てられればよかった。

J1リーグ戦 全34試合

11/30 第33節 パナソニックスタジアム吹田　18位

ガンバ大阪 4-1 松本山雅FC

残留逃し最下位に転落

G大阪	4	3	前	0	1	松本
		1	後	1		

G大阪		松本
18	SH	14
9	GK	8
8	CK	7
9	FK	14

東口　順昭	1	GK	GK	1	守田　達弥
藤春　廣輝	4	DF	DF	31	橋内　優也
三浦　弦太	5	DF	DF	4	飯田　真輝
菅沼　駿哉	13	DF	DF	41	水本　裕貴
金　英　權	19	DF	MF	3	田中　隼磨
遠藤　保仁	7	MF	MF	47	岩上　祐三
小野瀬康介	8	MF	MF	6	藤田　息吹
井手口陽介	15	MF	MF	20	杉本　太郎
矢島　慎也	21	MF	MF	42	高橋　諒
アデミウソン	9	FW	FW	25	町田也真人
宇佐美貴史	33	FW	FW	11	永井　龍
交代要員					
倉田　秋	10	MF	MF	14	パウリーニョ
福田　湧矢	34	MF	MF	32	安東　輝
渡邉　千真	39	FW	FW	45	イズマ

▶得点者【松】水本(後45)【G】小野瀬(前11) 井手口(前30、前45) アデミウソン(後13)
▶交代【松】藤田(後27パウリーニョ) 岩上(後34安東) 町田(後34イズマ)【G】井手口(後9倉田) アデミウソン(後19渡邉) 小野瀬(後34福田)
▶警告・退場【松】杉本【G】小野瀬、菅沼
▶入場者数　25,635人　▶天候　晴

G大阪に1-4で敗れた。3連敗で勝ち点30は変わらず最下位に転落。最終節を残して17位以下が確定し、J2降格が決まった。J2で初優勝して4年ぶり2度目のJ1に挑んだが、今回も1年でJ1の舞台を去ることになった。

16位湘南が広島に1-0で勝ったため、勝ち点で逆転不可能に。2連勝で17位に浮上した磐田の降格も決まった。

松本山雅は故障明けの町田が4試合ぶりに先発し、永井と2トップを組んだ。前半8分に永井のシュートが右ポストに当たって決定機を逃すと、同11分にセットプレーの流れからG大阪の小野瀬に先制点を決められた。その後はG大阪の井手口に連続得点を許して前半だけで3失点。後半は好機も増えたが、終了間際に水本が1点を返すにとどまった。

■岩上
「2千人近く来てくれたサポーターに申し訳ない。この試合も失点してはいけないところで失点した。(セットプレーでの得点が伸びなかったことは)自分のキックの精度が悪かったと思っている」

キーワード　ほころびが出てしまった

■反町監督　(早い時間帯の失点は)セットプレーの流れからやられてしまった。最後の何試合かは、そういうところでのほころびが出てしまった。その意味ではわれわれらしさがなかった。決定力の差と言ってしまえばそれまでだが、やはりそれは今日に象徴されるようにシーズンを通してかなり難しかった。チームとしても私個人としても力が足りなかった。

11/23 第32節 サンプロアルウィン　17位

松本山雅FC 0-1 横浜F・マリノス

連敗 次節に降格可能性も

松本	0	0	前	1	1	横浜M
		0	後	0		

松本		横浜M
4	SH	10
14	GK	10
2	CK	6
11	FK	14

守田　達弥	1	GK	GK	1	朴　一圭
橋内　優也	31	DF	DF	27	松原　健
飯田　真輝	4	DF	DF	13	チアゴマルチンス
水本　裕貴	41	DF	DF	44	畠中槙之輔
田中　隼磨	3	MF	DF	5	ティーラトン
岩上　祐三	47	MF	MF	6	扇原　貴宏
藤田　息吹	6	MF	MF	8	喜田　拓也
杉本　太郎	20	MF	MF	9	マルコスジュニオール
高橋　諒	42	MF	FW	23	仲川　輝人
永井　龍	11	FW	FW	17	エリキ
阪野　豊史	50	FW	FW	28	マテウス
交代要員					
パウリーニョ	14	MF	MF	7	大津　祐樹
安東　輝	32	MF	MF	26	渡辺　皓太
イズマ	45	FW	FW	11	遠藤　渓太

▶得点者【M】仲川(前2)
▶交代【松】阪野(後22イズマ) 藤田(後33パウリーニョ) 高橋(後41安東)【M】マテウス(後21遠藤) 仲川(後35大津) マルコスジュニオール(後43渡辺)
▶警告・退場【松】イズマ【M】遠藤
▶入場者数　19,744人　▶天候　曇

横浜Mに0-1で敗れた。2連敗で勝ち点30は変わらず17位のまま。16位湘南はFC東京と引き分けて勝ち点32とし、松本山雅は次節にも降格が決まる可能性が生まれた。横浜Mは今季初めて首位に立った。

松本山雅は前節から先発2人を入れ替えた。田中隼と阪野がともに6試合ぶりに先発し、田中隼は中盤の右に入り、阪野は永井と2トップを組んだ。2列目には杉本と岩上を並べた。

松本山雅は前半2分、自陣左サイドでパスを受けた横浜Mの仲川にゴール正面に進入されると、ドリブルに寄せきれず左足でシュートを決められて先制を許した。その後は横浜Mの拙攻にも助けられて追加点を与えなかったが、攻撃の形をつくれずシュート4本に終わり、2試合連続で零敗した。

■イズマ(9月に加入後、公式戦初出場)
「練習や練習試合でやってきたことを継続する意識だった。試合への入りはよかったと思う。未来のことは分からないが、次にチャンスが来たら仕留めたい」

キーワード　結果受け入れざるを得ない

■反町監督　非常に厳しい結果だが、受け入れざるを得ない。強豪で抜け目のない相手に、最初から抜け目なくやらなければいけなかった。(失点場面は)ほんの瞬間(の隙)かもしれないが、そこを逃さないのが強いチーム。われわれはその域に達していない。(攻撃は)相手のセンターバックのスピードや対人の強さに思い通りのプレーをさせてもらえなかった。

2.23 第1節・磐田前半、中盤でボールを奪う藤田(中央)。左は磐田・大久保

12/7 第34節 サンプロアルウィン　17位

松本山雅FC 1-1 湘南ベルマーレ

最後も勝ち点1 最下位逃れ

松本	1	0	前	0	1	湘南
		1	後	1		

松本		湘南
19	SH	11
11	GK	9
3	CK	5
20	FK	12

守田　達弥	1	GK	GK	21	富居　大樹
橋内　優也	31	DF	DF	6	岡本　拓也
飯田　真輝	4	DF	DF	4	坂　圭祐
水本　裕貴	41	DF	DF	13	山根　視来
田中　隼磨	3	MF	MF	50	古林　将太
岩上　祐三	47	MF	MF	16	齊藤　未月
藤田　息吹	6	MF	MF	19	金子　大毅
パウリーニョ	14	MF	MF	23	小野田将人
高橋　諒	42	MF	FW	18	松田　天馬
町田也真人	25	FW	FW	11	山﨑　凌吾
永井　龍	11	FW	FW	10	山田　直輝
交代要員					
山本　真希	26	MF	MF	14	中川　寛斗
イズマ	45	FW	FW	15	野田隆之介
阪野　豊史	50	FW	FW	9	指宿　洋史

▶得点者【松】阪野(後45)【湘】野田(後40)
▶交代【松】藤田(後41山本) 永井(後41イズマ) パウリーニョ(後44阪野)【湘】山田(後1指宿) 松田(後30中川) 山﨑(後38野田)
▶警告・退場【松】パウリーニョ、飯田【湘】指宿
▶入場者数　16,881人　▶天候　曇

湘南と1-1で引き分けた。既にJ2降格が決まっている松本山雅は2度目のJ1を6勝13分け15敗の勝ち点31で終了。勝ち点で並んだ磐田を得失点差で上回り、最下位の18位から17位に上がった。横浜Mが優勝、湘南はJ1参入プレーオフ(入れ替え戦)へ。

松本山雅は杉本に代えてパウリーニョが3試合ぶりに先発した以外は前節と同じ先発メンバーで臨んだ。前半を両チーム無得点で終えると、後半は松本山雅が主導権を握って攻勢を強めた。しかし、先制点を奪えずにいると40分に湘南が野田のゴールで先制。松本山雅は相次いで3選手を投入して得点を狙い、45分に町田のクロスを飯田が頭で落とし、そのボールを途中出場の阪野が右足で押し込んで追い付いた。

■永井
「自分がもっと(得点を)決めていれば降格はしなかったし、順位も上げられたと思う。シュートを打つ決断力も、J1で活躍するための技術もなかった。うまくなりたいと思わせてもらった1年だった」

キーワード　山あり谷ありのシーズンだった

■反町監督　最後は意地を見せて、われわれらしい泥くさいゴールで追い付いた。山あり谷ありのシーズンだった。覚悟はしていたけれど、たくさんの谷底を見ながらやってきた。選手にハードな要求をしてきたが、今日の試合に象徴されるように最後の笛がなるまで諦めずにやったことが、この成果だと思っている。(自分自身の)エネルギーは使い果たした。余力は残っていない。

YBC ルヴァン・カップ

2019年の松本山雅FCは、J1リーグ戦（34試合）に加え「Jリーグ・YBCルヴァン・カップ」も戦った。

J1リーグ戦との最大の違いは「全ての試合で21歳以下の選手を1人以上先発に含める」との規定。J1リーグ戦と並行して試合が組まれているため、各クラブにとって若手選手に実戦機会を積ませる場にもなる。

松本山雅は１次リーグDグループ。清水、G大阪、磐田と同組で、ホーム・アンド・アウェー方式で2試合ずつ戦ったが、１勝２分け３敗の勝ち点５で同組最下位の４位に終わり、プレーオフ進出はならなかった。同組はG大阪が１位、磐田が２位となりプレーオフへ進んだ。

Dグループ勝敗表（赤字はプレーオフ進出）

順位	チーム	勝点	試合	勝数	分数	負数	得点	失点	点差
1	G大阪	11	6	3	2	1	10	5	5
2	磐田	9	6	3	0	3	6	8	-2
3	清水	8	6	2	2	2	8	8	0
4	松本山雅	5	6	1	2	3	6	9	-3

ホームで好機次々

前半５分　町田（中央）が先制ゴールを決める

3/6 第１節 サンプロアルウィン

2 - 1

松本山雅 VS 清水エスパルス

松本	2	1	前	0	1	清水
		1	後	1		
		17	SH	9		
		10	GK	10		
		7	CK	5		
		10	FK	10		

松本	背番号	位置	位置	背番号	清水
村山　智彦	16	GK	GK	1	西部　洋平
今井　智基	5	DF	DF	5	鎌田　翔雅
飯田　真輝	4	DF	DF	33	ヴァンデルソン
當間　建文	18	DF	DF	26	二見　宏志
田中　隼磨	3	MF	DF	15	水谷　拓磨
宮阪　政樹	35	MF	MF	6	竹内　涼
米原　秀亮	22	MF	MF	22	ヘナト アウグスト
中美　慶哉	13	MF	MF	8	石毛　秀樹
安東　輝	32	MF	MF	37	髙橋　大悟
町田也真人	25	MF	FW	34	滝　裕太
高崎　寛之	9	FW	FW	9	鄭　大世
交代要員					
那須川将大	24	DF	DF	2	立田　悠悟
塚川　孝輝	17	MF	MF	7	六平　光成
杉本　太郎	20	MF	MF	14	楠神　順平

▶得点者【松】町田（前5）高崎（後44）【清】ヘナトアウグスト（後11）
▶交代【松】安東（後25杉本）米原（後34塚川）町田（後48那須川）【清】竹内（後15六平）ヴァンデルソン（後15立田）髙橋（後31楠神）
▶警告・退場【清】鄭大世
▶入場者数　8,048人　▶天候　曇のち雨

清水に２－１で勝ち、今季ホーム初戦を白星で飾る好スタートを切った。

松本山雅は20歳の米原をボランチで先発起用。清水はともに19歳の高橋と滝が先発した。

松本山雅は前半５分、安東のシュートのこぼれ球を町田が右足で蹴り込んで先制。後半11分に同点に追い付かれたが、終了間際の44分、宮阪が高い位置で奪ったボールを高崎が右足で決めて勝ち越した。

■**高崎**（後半44分に勝ち越しゴール）「シュートチャンスが何回かあった中で入ってよかった。（J1リーグ戦で）スタメンを外れているので結果が欲しかった」

■**塚川**（後半34分から途中出場で流れを変える）「展開がオープンになって足も止まっていたので、どんどん前に絡んで流動的に動ければと思って入った。もっと成長できると思って練習から100パーセントでやりたい」

J1の厳しさ実感

G大阪に1−2で逆転負け。D組のもう１試合は清水が磐田に1−0で勝ち、４チームが１勝１敗の勝ち点３で並んだ。

松本山雅はルヴァン杯の前節と同じ先発メンバー。一方のG大阪は、遠藤やファン・ウィジョら多くの主力を先発起用した。

松本山雅は前半６分、ゴール正面右で得たFKを宮阪が右足で直接決めて先制した。しかし、同31分に自陣で失ったボールから逆襲を受けて小野瀬のゴールで追いつかれると、同34分にもパスミスからカウンター攻撃を受け、ファン・ウィジョに勝ち越しゴールを決められた。

■**杉本**「（G大阪は相手の）一つのミスでゴールまで運んでシュートまでいく力がある。ただ、（途中出場で）スペースもあったので、やってみて個人的には差は感じなかった」

後半、シュートを放つ杉本（中央）

3/13 第２節 パナソニックスタジアム吹田

2 - 1

ガンバ大阪 VS 松本山雅

G大阪	2	2	前	1	1	松本
		0	後	0		
		8	SH	6		
		5	GK	5		
		1	CK	2		
		18	FK	14		

G大阪	背番号	位置	位置	背番号	松本
東口　順昭	1	GK	GK	16	村山　智彦
藤春　廣輝	4	DF	DF	5	今井　智基
三浦　弦太	5	DF	DF	4	飯田　真輝
菅沼　駿哉	13	DF	DF	18	當間　建文
金　英權	19	DF	MF	3	田中　隼磨
遠藤　保仁	7	MF	MF	35	宮阪　政樹
小野瀬康介	8	MF	MF	22	米原　秀亮
倉田　秋	10	MF	MF	13	中美　慶哉
高　宇洋	28	MF	MF	32	安東　輝
アデミウソン	9	FW	MF	25	町田也真人
ファンウィジョ	16	FW	FW	9	高崎　寛之
交代要員					
今野　泰幸	15	MF	MF	17	塚川　孝輝
藤本　淳吾	25	MF	MF	20	杉本　太郎
渡邉　千真	39	FW	FW	10	レアンドロペレイラ

▶得点者【松】宮阪（前6）【G】小野瀬（前31）ファンウィジョ（前34）
▶交代【松】米原（後15杉本）高崎（後25レアンドロペレイラ）安東（後34塚川）【G】ファンウィジョ（後41渡邉）小野瀬（後44藤本）遠藤（後46今野）
▶警告・退場【G】倉田
▶入場者数　7,430人　▶天候　曇

影を潜めた闘志

磐田に1−3で敗れた。同組のもう1試合は清水とG大阪が1−1で引き分け、2連敗の松本山雅は1勝2敗で最下位に転落した。

松本山雅は那須川、杉本、塚川の3人が今季の公式戦初先発。来季加入が内定した特別指定選手の三ツ田(中大)も3バックの左で先発した。

松本山雅は前半22分、自陣右からのクロスを中山に頭で決められ先制を許した。後半2分に2点差とされたが、同14分に杉本のゴールで再び1点差に。その後の攻勢で同点に追い付くことができず、終了間際に3点目を奪われた。

■**榎本** (後半43分から途中出場で公式戦デビュー)「対人や体の強さで差を感じた。(クロスからのチャンスは) 余裕がありすぎて焦った。あのチャンスを決めなければいけない」

後半、ゴール前のクロスに飛び込む高崎(左から2人目)と塚川

4/10 第3節 サンプロアルウィン

1 - 3

松本山雅 VS ジュビロ磐田

松本	1	0	前	1	3	磐田
		1	後	2		

10	SH	9
4	GK	9
5	CK	4
11	FK	18

村山 智彦	16	GK		GK	31	志村 滉
服部 康平	44	DF		DF	5	櫻内 渚
當間 建文	18	DF		DF	6	エレン
三ッ田啓希	36	DF		DF	28	石田 峻真
岩上 祐三	47	MF		DF	33	藤田 義明
安東 輝	32	MF		DF	35	森下 俊
米原 秀亮	22	MF		MF	8	ムサエフ
那須川将大	24	MF		MF	23	山本 康裕
杉本 太郎	20	MF		MF	34	針谷 岳晃
塚川 孝輝	17	MF		FW	16	中野 誠也
高崎 寛之	9	FW		FW	32	中山 仁斗
			交代要員			
エドゥアルド	15	DF		DF	25	大南 拓磨
セルジーニョ	8	MF		MF	9	太田 吉彰
榎本 樹	27	FW		MF	13	宮崎 智彦

▶得点者【松】杉本(後14)【磐】中山(前22、後47)中野(後2)

▶交代【松】三ッ田(後23エドゥアルド)米原(後30セルジーニョ)高崎(後43榎本)【磐】石田(後19太田)針谷(後34宮崎)中野(後45大南)

▶警告・退場 なし

▶入場者数 5,403人 ▶天候 雨

勝ち越し点遠く

清水と2−2で引き分け、勝ち点4で順位は最下位のまま。D組のもう1試合はG大阪が磐田に4−1で勝ち、勝ち点7で首位に立った。

松本山雅は溝渕と山本龍を今季の公式戦で初起用。前半21分、山本龍の左クロスを遠いサイドの溝渕が頭で押し込んで先制。同23分には左CKをエドゥアルドが頭で決めて2点のリードを奪った。しかし、同43分と48分に連続失点してリードを失うと、後半は相手の攻勢に耐える時間が長くなり、勝ち越し点を奪えなかった。

■**藤田** 「2失点ともチームとして崩されたというより、個の力でやられた印象。ただ、最終ラインの上げ下げができていなかったり、サイドで押し込まれていたりしたことが失点につながったのかもしれない」

前半21分、先制点を決め、仲間と喜ぶ溝渕(右)

4/24 第4節 IAIスタジアム日本平

2 - 2

清水エスパルス VS 松本山雅

清水	2	2	前	2	2	松本
		0	後	0		

9	SH	7
11	GK	11
9	CK	3
12	FK	6

西部 洋平	1	GK		GK	16	村山 智彦
鎌田 翔雅	5	DF		DF	30	溝渕 雄志
立田 悠悟	2	DF		DF	32	安東 輝
二見 宏志	26	DF		DF	44	服部 康平
水谷 拓磨	15	DF		DF	15	エドゥアルド
河井 陽介	17	MF		DF	28	山本 龍平
六平 光成	7	MF		MF	6	藤田 息吹
飯田 貴敬	27	MF		MF	22	米原 秀亮
楠神 順平	14	MF		MF	8	セルジーニョ
滝 裕太	34	FW		MF	20	杉本 太郎
ドウグラス	49	FW		FW	9	高崎 寛之
			交代要員			
西澤 健太	16	MF		DF	24	那須川将大
金子 翔太	30	MF		MF	17	塚川 孝輝
北川 航也	23	FW		FW	27	榎本 樹

▶得点者【松】溝渕(前21)エドゥアルド(前23)【清】滝(前43)楠神(前48)

▶交代【松】山本龍(後38那須川)杉本(後44塚川)高崎(後48榎本)【清】ドウグラス(後26北川)楠神(後35金子)飯田(後39西澤)

▶警告 なし

▶入場者数 4,523人 ▶天候 雨

YBC Levain CUP

１次リーグ敗退

磐田に０−１で敗れた。４戦未勝利の松本山雅は勝ち点４のままで、１試合を残して同組３位以下が確定。1次リーグ敗退が決まった。G大阪と磐田が1次リーグ突破を決めた。

J1第７節で右脚を痛めたGK守田が公式戦復帰。攻撃陣はレアンドロペレイラをワントップに置き、1.5列目に塚川と杉本が入る布陣で臨んだ。後半に押し込んだが、岩上や服部が決定機を外して得点できずにいると、41分にセットプレーの流れから荒木にゴールを許し、これが決勝点になった。

■米原　「チャンスはつくれたけれど、もっと質を上げなければ上のレベルでは戦えない。守備は、相手を引き込んでからプレスにいくところといかないところをはっきりさせることができて、真ん中ではやられなかった」

後半、ゴールを狙うも磐田のGK三浦らに阻まれる服部

5/8 第5節　ヤマハスタジアム

1 - 0

ジュビロ磐田 VS 松本山雅

磐田	1	0 / 1	前 / 後	0 / 0	0	松本
		11	SH	14		
		14	GK	8		
		3	CK	6		
		12	FK	9		

三浦　龍輝	36	GK	GK	1	守田　達弥
櫻内　渚	5	DF	DF	44	服部　康平
大南　拓磨	25	DF	DF	18	當間　建文
藤田　義明	33	DF	DF	15	エドゥアルド
森下　俊	35	DF	MF	47	岩上　祐三
ムサエフ	8	MF	MF	6	藤田　息吹
太田　吉彰	9	MF	MF	22	米原　秀亮
山本　康裕	23	MF	MF	24	那須川将大
針谷　岳晃	34	MF	MF	17	塚川　孝輝
小川　航基	18	FW	MF	20	杉本　太郎
中山　仁斗	32	FW	FW	10	レアンドロペレイラ
交代要員					
アダイウトン	15	MF	DF	30	溝渕　雄志
森谷賢太郎	17	MF	FW	9	高崎　寛之
荒木　大吾	27	MF	FW	27	榎本　樹

▶得点者【磐】荒木（後41）
▶交代【松】塚川（後36溝渕）レアンドロペレイラ（後39高崎）岩上（後43榎本）【磐】針谷（後15荒木）小川（後30アダイウトン）山本（後40森谷）
▶警告・退場【磐】山本、中山
▶入場者数　5,756人　▶天候　晴

無得点でドロー

G大阪と０−０で引き分けた。１次リーグ敗退が決まっており、１勝２分け３敗の勝ち点５で、同組最下位の４位。

左脚のけがから復帰した町田が攻撃的な1.5列目で先発したが、前半43分に負傷交代。G大阪は、ともに元日本代表の遠藤と今野が先発した。

松本山雅は前半10分と同15分にCKから永井が頭で狙ったが、ともに相手に阻まれて逸機。カウンター攻撃も得点につなげられず、公式戦６試合連続無得点となった。

■永井　（前半の決定機を決められず）「あれだけフリーならば決めなければいけない。得点できていないのは間違いなく前線の選手の責任。勝てていないのは点が取れていないから。下を向かず、練習で積み上げていくしかない」

後半、相手MFに阻まれながらもシュートを放つ米原（左）

5/22 第6節　サンプロアルウィン

0 - 0

松本山雅 VS ガンバ大阪

松本	0	0 / 0	前 / 後	0 / 0	0	G 大阪
		11	SH	7		
		8	GK	14		
		5	CK	5		
		10	FK	9		

村山　智彦	16	GK	GK	23	林　瑞輝
服部　康平	44	DF	DF	14	米倉　恒貴
當間　建文	18	DF	DF	19	金　英權
エドゥアルド	15	DF	DF	22	オジェソク
岩上　祐三	47	MF	DF	30	青山　直晃
藤田　息吹	6	MF	MF	6	田中　達也
米原　秀亮	22	MF	MF	7	遠藤　保仁
山本　龍平	28	MF	MF	15	今野　泰幸
塚川　孝輝	17	MF	MF	28	高　宇洋
町田也真人	25	MF	FW	18	髙木　彰人
永井　龍	11	FW	FW	40	食野亮太郎
交代要員					
那須川将大	24	DF	MF	11	ダビドコンチャ
溝渕　雄志	30	DF	MF	32	芝本　蓮
榎本　樹	27	FW			

▶交代【松】町田（前43溝渕）山本龍（後36那須川）永井（後42榎本）【G】高（後12芝本）髙木（後39コンチャ）
▶警告・退場【松】當間【G】芝本、今野
▶入場者数　7,680人　▶天候　晴

J1プレシーズンマッチ

かみ合わず黒星…

前半、攻め込む前田

NACK5スタジアム大宮でJ2大宮とプレシーズンマッチを行い、0−2で敗れた。2週間後のJ1開幕戦に向け、攻守の課題が浮き彫りとなった。

松本山雅はレアンドロペレイラ、町田、高橋、服部の新戦力4人が先発。3バックは右から今井、服部、橋内の組み合わせで、前線はレアンドロペレイラをワントップに置き、前田と町田が1.5列目に入った。

序盤は松本山雅が主導権を握ったが、次第に大宮ペースに。前半27分、自陣右サイドからのクロスを石川に足で合わされて失点。後半はチャンスを決めきれず、逆に38分にロングボールへの連係ミスから奥抜に追加点を決められた。

2/9 NACK5スタジアム大宮

2 - 0

大宮 VS 松本山雅

大宮				松本
2	1	前	0	0
	1	後	0	
	8	SH	7	
	6	GK	8	
	2	CK	3	
	18	FK	16	

笠原　昂史	1	GK	GK	1	守田　達弥
畑尾　大翔	50	DF	DF	5	今井　智基
菊地　光将	2	DF	DF	44	服部　康平
河面　旺成	6	DF	DF	31	橋内　優也
渡部　大輔	13	DF	DF	42	高橋　諒
中村　太亮	17	DF	MF	14	パウリーニョ
石川　俊輝	5	MF	MF	6	藤田　息吹
大山　啓輔	15	MF	MF	47	岩上　祐三
嶋田慎太郎	39	MF	MF	25	町田也真人
ファンマデルガド	22	FW	FW	7	前田　大然
大前　元紀	10	FW	FW	10	レアンドロペレイラ
交代要員					
酒井　宣福	20	MF	MF	8	セルジーニョ
奥抜　侃志	33	MF	MF	13	中美　慶哉
			MF	22	米原　秀亮
			FW	11	永井　龍

▶得点【大】石川（前27） 奥抜（後38）
▶交代【松】町田（後16セルジーニョ） パウリーニョ（後24米原） レアンドロペレイラ（後31永井）前田（後31中美）【大】嶋田（後27奥抜） 渡部（後35酒井）
▶警告･退場【松】パウリーニョ、レアンドロペレイラ、服部
▶入場者数　6286人　▶天候　曇

第99回天皇杯

勢いにのまれ延長で敗退

格下に敗れサポーターからブーイングを浴びて険しい表情を浮かべる選手たち

J3八戸（青森）に延長の末に2−3で敗れた。1点リードの後半44分に同点に追い付かれて延長に突入。延長前半3分に田中隼のゴールで勝ち越したが、同7分に再び追い付かれると、延長後半14分に八戸の國分に勝ち越しゴールを決められた。

7/3 2回戦 サンプロアルウィン

2 - 3

松本山雅（J1） VS ヴァンラーレ八戸（J3）

松本				八戸
2	1	前	0	3
	0	後	1	
		延長		
	1	前	1	
	0	後	1	
	11	SH	16	
	24	GK	20	
	1	CK	7	
	16	FK	13	

村山　智彦	16	GK	GK	1	山田　賢二
今井　智基	5	DF	DF	22	穂積　諒
飯田　真輝	4	DF	DF	39	近石　哲平
那須川将大	24	DF	DF	33	佐藤　和樹
安東　輝	32	MF	MF	10	新井山祥智
米原　秀亮	22	MF	MF	4	前田　柊
藤田　息吹	6	MF	MF	27	國分　将
岩上　祐三	47	MF	MF	20	三田　尚希
中美　慶哉	13	MF	MF	7	中村　太一
塚川　孝輝	17	MF	MF	44	秋吉　泰佑
山本　大貴	19	FW	FW	18	谷尾　昂也
交代要員					
田中　隼磨	3	DF	DF	14	金井　隆太
當間　建文	18	DF	MF	8	高見　啓太
宮阪　政樹	35	MF	MF	16	小牧　成亘
高崎　寛之	9	FW	FW	9	上形　洋介

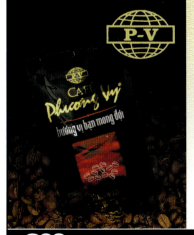

▶得点者【松】飯田（前24）田中隼（延前3）【八】中村（後44）新井山（延前7）國分（延後14）
▶交代【松】塚川（後20田中隼） 山本大（後35高崎） 藤田（延前1宮阪） 飯田（延後7當間）【八】秋吉（後1小牧） 前田（後12上形） 佐藤（後38高見） 高見（延後15金井）
▶警告・退場【八】穂積
▶入場者数　3719人　▼天候　曇りのち雨

その情熱 One Soul!
俺たちの 松本山雅!!
松本の誇り、挑戦しつづける松本山雅FCを
私たちアステップ信州は応援しています。

エスコートキッズ

Escort Kids

第5節 vs 川崎 3/31

第3節 vs 浦和 3/9

第6節 vs 神戸 4/6

第10節 vs C大阪 5/4

第8節 vs 鳥栖 4/20

第14節 vs 清水 6/1

第11節 vs 札幌 5/12

大好き 松本山雅FC WAON
ÆON SPECIAL MATCH
第17節 6/29㈯ 18:00 KICK OFF!
松本山雅FC vs ガンバ大阪
第17節
vs G大阪
6/29

セキスイハイム信越
スペシャルマッチ
6/15㈯ 19:00 KICK OFF!
第15節
松本山雅FC vs ベガルタ仙台
第15節
vs 仙台
6/15

キリン一番搾りスペシャルマッチ!!
7/20㈯ 18:00 KICK OFF!
第20節
松本山雅FC vs サンフレッチェ広島
第20節
vs 広島
7/20

株式会社
アステップ信州
アステップ信州
スペシャルマッチ
7/13㈯ 18:00 KICK OFF!
第19節
松本山雅FC vs ジュビロ磐田
第19節
vs 磐田
7/13

明治安田生命 ベスト スタイル マッチ
8/31㈯ 19:00 KICK OFF!
第25節
松本山雅FC vs 大分トリニータ
第25節
vs 大分
8/31

HTK 本多通信工業 デー
Value by Connecting
第23節 8/18㈰ 18:00 KICK OFF!
松本山雅FC vs 名古屋グランパス
第23節
vs 名古屋
8/18

信州の秋 実りの秋 山雅の秋
おいしさのサポーター
JA全農長野デー
9/29㈰ 14:00 KICK OFF!
第27節
松本山雅FC vs FC東京
第27節
vs FC東京
9/29

第29節
vs 鹿島
10/18

第34節
vs 湘南
12/7

第32節
vs 横浜M
11/23

ルヴァン杯第3節
vs 磐田
4/10

ルヴァン杯第1節
vs 清水
3/6

天皇杯2回戦
vs 八戸(J3)
7/3

ルヴァン杯第6節
vs G大阪
5/22

松本山雅この一年　2018・11～

2018 11月

▽決めた！　J2初優勝でJ1再昇格
▽反町監督は早々に来季の続投を表明

17日　山雅再びJ1へ―J2初制覇も

ホームでの今季最終戦で徳島と0―0で引き分け。前節まで2位の大分、3位のFC町田もそれぞれ引き分けたため、J2初優勝を果たして4年ぶりのJ1昇格を決めた。松本山雅は前半から統率の取れた守備で徳島の攻撃をはね返した。

17日　反町監督が続投表明

反町康治監督は来季について「続けてやる腹づもりでいる」と話し、続投を表明した。運営会社の神田文之社長も「クラブとしても続投してもらいたい」と話し、8年目の指揮を執ることが事実上決定。21日正式表明。

時の顔

4年ぶりのJ1昇格を決めたサッカー松本山雅FC監督
反町《そりまち》　康治《やすはる》さん

サッカーJリーグ2部（J2）の松本山雅FCを率いて7年目。松本市のホームスタジアムで行われた17日の最終戦で引き分け、チームをJ2初優勝と4年ぶりの1部（J1）昇格に導いた。試合後は、サポーターと約束していた〝勝利のダンス〟を照れくさそうに披露。満員のサポーターと喜びを分かち合った。

静岡・清水東高で全国大会優勝を経験。ただ、大学はスポーツ推薦ではなく、1浪をして慶大に入った。大学卒業後に入社した全日空が母体のJリーグ・横浜フリューゲルスでは、プロ契約を結ばず会社員のままプレー。「サラリーマンJリーガー」とも呼ばれた。

日本代表でもプレーし、33歳で現役引退。その後はスペインへの留学を経て指導者の道へ進んだ。監督を務めた新潟と湘南、松本山雅の全クラブでJ1昇格を経験。2008年北京五輪男子日本代表監督を務め、その後長く日本サッカー界をけん引する香川真司選手や長友佑都選手ら若き才能を見いだした。

戦略家だ。何試合もさかのぼって相手チームのプレーをビデオで分析し、作戦を練る。その作業は日付が変わるまで続く日も。16年、17年とJ1昇格を逃し、「俺がこのまま監督をやっていていいのか」と悩むこともあった。

妻と中学生の一人娘を東京都内の自宅に残し、松本市内で1人暮らし。「サッカー以外は食べることが唯一の楽しみ」と話し、好物の中華やうなぎを中心に松本市近郊の店にはかなり詳しい。埼玉県出身。54歳。

11月18日付

17日　「来季楽しみ」首長ら喜び

ホームタウンの7市町村の首長やスポンサー企業からも、J1昇格決定に喜びの声。松本市の菅谷昭市長は「市民に勇気と感動を与えてくれたことに感謝する」。

18日　反町監督、一夜明け「見合う戦力整える」

最終戦から一夜明け、信濃毎日新聞の取材に応じた反町監督は「前回も目標にしたトップ15（＝J1残留）という考え方が基本になる。J1に見合う戦力を整え、クオリティーを上げなければいけない」などと展望を語った。

18日　喫茶山雅にぎわい　百貨店はセール

一夜明け情報発信拠点「喫茶山雅」には、午前11時の開店時からサポーターが集まり、改めて喜びをかみしめた。百貨店「井上」は、本店と山形村アイシティ21で記念セール。市内のパン店は昇格を祝う大きなパンを店先に並べた。

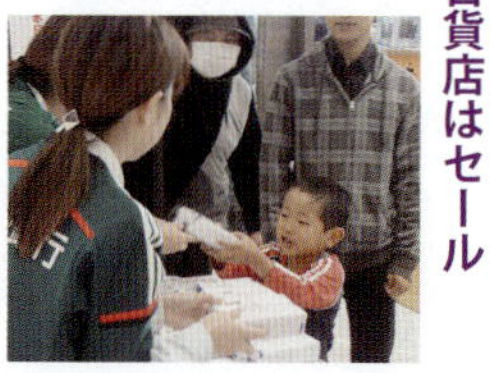

19日　本社発行の記念写真集早くも発売

今季の戦いを振り返る信濃毎日新聞社発行の記念写真集「決めた！　J1再昇格松本山雅2018全記録」が松本地域の主要書店で先行発売。市民たちが次々と買い求めた。

20日　来季J1戦のチケット値上げ発表

サンプロアルウィンで開く来季のホーム試合のチケット価格を運営会社が発表。一般チケットの各種指定席の大人前売り券は6000～4500円（当日券は500円増）でそれぞれ500円値上げ、自由席は3000～2500円（同）で300円値上げ。

20日　信毎の山雅紙面「特別セット」販売

信濃毎日新聞社は、昇格を決めた17日付の号外や翌18日付の朝刊などの「特別セット」を販売。JFL、J2、J1と各カテゴリーに昇格を決めた際の紙面のコピーも加えた。

20日　上高地線電車に「昇格」ヘッドマーク

アルピコ交通はJ1昇格決定を祝うヘッドマークを上高地線の電車に付けた。緑地で中央に山雅のエンブレムを、左右に「祝！」「J1昇格」との文字を配した。

21日　熱視線を背に再始動―松本で練習

松本市かりがねサッカー場で、今季最終戦（17日）以来初の練習。平日にもかかわらず約400人のサポーターが駆け付け、ウオーミングアップやパス回しをする選手たちを見守った。

22日　鈴木が退団

契約満了のGK鈴木智幸(32)と来季の契約を結ばないと発表。15年に栃木から移籍、山雅でのリーグ戦出場は4年間で14試合。〈J2東京Vへ＝12月27日〉

23日　三島が退団

契約満了のFW三島康平(31)が来季の契約を更新しないと発表。J2水戸から16年7月に完全移籍。J2通算35試合に出場して3得点をマーク。今季はけがで離脱することが多く、2試合の出場にとどまった。〈J2熊本へ＝12月25日〉

23日　元選手ら長和で児童向け教室

長和町で元選手ら4人によるサッカー教室。町内外から小学生35人を運営会社ホームタウン担当の久保翔さんと、いずれも元選手の鐵戸裕史さんと片山真人さん、今井昌太さんが指導した。

26日　アンダースが退団

業務提携するゲイラン・インターナショナルFC（シンガポール）から期限付き移籍で加入していたDFアンダース・アプリン(27)が移籍期間満了で退団すると発表。公式戦出場なし。

26日　J1再昇格に松本市長「感謝」

松本市の菅谷市長が定例記者会見で「反町監督はじめ選手、関係の皆さんに感謝を申し上げたい。サポーターの皆さんにも果敢な応援の姿に敬意を表する」と述べた。「来シーズンは厳しい戦いになる」としつつ「相手チームのサポーターも大勢来ていただけると思う」と期待した。

26日　諏訪市の洋菓子店が緑のマドレーヌ

諏訪市の洋菓子店「なとりさんちのたまごや工房」が、初優勝・再昇格を記念し、「抹茶マドレーヌ」のプレゼントを開始。サポーターの従業員と「喜びを大勢と分かち合いたい」と初企画。

27日　ホームタウンは「市民の盛り上がり前提」

岡谷市の今井竜五市長は定例記者会見で、ホームタウン構想について「税金を投入することになるので、市民の盛り上がりが大きな前提だ」との考えを示した。

28日　ユース利用の旭町中校庭を人工芝化へ

運営会社は、ユースアカデミー（育成組織）が週1回ほど利用している松本市旭町中学校の校庭の一部を除く約1万5000平方メートルを人工芝化すると発表。同校創立70周年に合わせ、17年6月ごろから市や同校と協議して決定。

29日　ジネイが契約満了退団

FWジネイ(35)が契約満了で退団すると発表。8月に加入、第32節福岡戦では後半ロスタイムに決勝点を挙げた。

29日　松本の商店街に祝いの張り紙

松本商店街連盟はJ1昇格決定とJ2初優勝を祝う張り紙を作り、中心市街地の約800店舗で掲示を始めた。緑色の背景にエンブレムをあしらった。

30日　今季の全体練習打ち上げ

松本市かりがねサッカー場で全国高校選手権県代表の東京都市大塩尻高と練習試合を行い、今季の全体練習を打ち上げた。DF橋内優也やMF藤田息吹ら主力も出場し、サポーター約1000人が詰め掛けた。志願して出場した橋内は「県代表の高校生の思いに応えたかった。しっかり動いた方が自分自身もけがなくシーズンを終えられる」。

30日　岩間ら契約満了

MF岩間雄大（32）、MF岡本知剛（28）、DF安川有（30）の3選手が契約満了となり、来季の契約を結ばないと発表。岩間は5年間でJ1、J2通算181試合に出場し8得点。中盤と最終ラインで複数のポジションを担う主力級として2度のJ1昇格に貢献した。〈岩間はJ2栃木、岡本はJ3熊本へ＝12月26日〉

30日　飯田でも有志が祝勝会

飯田下伊那地域のサポーターが飯田市で祝勝会。ゲストで喫茶山雅チーフの小沢修一さん、チームアンバサダー鐵戸裕史さんの元選手2人も訪れ、緑色に染まった会場でサポーター約50人が喜びを分かち合った。

12月

▽松本市街地が緑一色―記念パレードに5万人！
▽勇気と希望―県がスポーツ栄誉賞を授与

4日　反町監督、信毎MG訪問

反町監督と運営会社の神田社長が松本市の信毎メディアガーデンを訪れ、「獲得したい選手のリスト化や今季の課題抽出など、J1モードで準備を進めている」と来季を展望。塩尻市の市民交流センターえんぱーくでも、市民ら約200人を前に報告した。

5日　反町監督、松本市長に報告

反町監督と運営会社の神田社長が松本市役所に菅谷市長を訪問。反町監督は「（来季は）いばらの道になると思うが、松本市をはじめ多くの人の期待に応えられるように全力を尽くす」と意気込みを語った。MF橋内、GK村山も同行。

7日　山本が左膝手術で全治6カ月

FW山本大貴が左膝の外側半月板損傷および関節軟骨損傷のため11月27日に千葉県内の病院で手術を受け、全治約6カ月と診断されたと発表。

7日　安曇野市の運動場の活用を相談

反町監督と運営会社の神田社長らが安曇野市役所と池田町、生坂村両役場を訪問。同市の宮沢宗弘市長は、市が活用策を探る市営牧運動場について、練習に使えるかどうかの検討を促した。

9日　緑一色―昇格と優勝祝うパレード

松本市街地で、4年ぶりのJ1昇格とJ2初優勝を祝う記念パレード。松本城本丸庭園で開かれた報告会と合わせて計約5万人（主催者発表）が詰め掛けた。パレードは反町監督らのオープンカーと、選手らが乗ったオープンバスを松商学園高校のトワリングバトン部や吹奏楽部などが先導。沿道はチームカラーである緑色の防寒着やマフラーを身に着けたサポーターらが埋め尽くした。

10日　反町監督が大町でV報告

反町監督らが大町市役所を訪問。牛越徹市長との懇談では「スタッフと選手が一つになり、周りのサポートもあって良い成績を残すことができた」と振り返った。

10日　安曇野市、牧運動場を山雅練習に活用

安曇野市の宮沢市長は市議会定例会代表質問で、市営牧運動場を松本山雅の練習に使ってもらう可能性について「将来の夢、一つの方向性としては検討に値する」と述べた。

11日　星原と来季契約せず

J3群馬に期限付き移籍していたDF星原健太（30）が契約満了となり、来季の契約を結ばないと発表。群馬も移籍期間満了を発表。〈J3藤枝へ＝1月8日〉

11日　松本信金、強化資金に100万円

松本信用金庫は、運営会社にチーム強化資金として100万円を贈った。贈呈は10回目。ホーム戦平均入場者数に応じて金利を上乗せる「山雅定期預金」の預金総額の0・01％相当額と、「山雅通帳」の顧客数に50円を乗じた額を合計。

12日　朝日村でも祝杯

朝日村のサポーターでつくる「朝日山雅会」が、J1再昇格とJ2初優勝を祝う会を村中央公民館で開き、約40人が祝杯を挙げた。同会は、サポーターナンバー12番にちなんで毎月12日に十数人が村内で会食している。

13日　松本市の中学部活に山雅指導者

NPO法人松本山雅スポーツクラブは、市内4中学校のサッカー部員を指導する事業を松本市から受託してスタート。スポーツ庁の「運動部改革プラン」に採択された同市の事業の一環で、同日はユースアカデミーのコーチ加藤真之さんが開成中サッカー部を指導。

松本山雅この一年 2018・12～2019・1

14日 2月22日開幕―Jリーグ日程発表
Jリーグは14日、来季の日程を発表。松本山雅が4年ぶりに参戦するJ1の開幕は来年2月22日、最終節は12月7日に決まった。

14日 田中隼磨のスパイク展示 信毎MGに

DF田中隼磨が信毎メディアガーデンを訪れ、サイン入りスパイク1足を寄贈。来館者に早速披露された。田中が同本社を訪れた際、人が集まる拠点施設に飾ってほしい、と寄贈を申し出た。スパイクは実際に使っているモデルで、左右に「絆3隼磨」と印字。

14日 来季ユニホームは横じま柄
運営会社が来季のユニホームデザインを発表。主にホーム戦で着るユニホームは「GO BEYOND BORDERS」をコンセプトに前面に横じま柄を取り入れた。フィールドプレーヤー用は、伝統的なチームカラーの緑と「新たな出発」を意味する白のしま柄。主にアウェー戦で着るユニホームは白色、ゴールキーパー用ユニホームは水色、黒色を採用した。

15日 J2熊本の米原が加入
J2熊本からMF米原秀亮が完全移籍で加入することが決まったと発表。

15日 山形村で「写真でたどる昇格」
今季の軌跡を109点の写真で振り返る「山雅ミュージアム2018」が山形村アイシティ21で開幕。来季のユニホームもお披露目された。今夏加入のDF今井智基はトークショーで「サポーターの大きな声援が力になった」。

17日 J2千葉の町田が加入
J2千葉のMF町田也真人の完全移籍での加入が決まったと発表。「アルウィンの雰囲気は対戦相手として非常に脅威でした。（その雰囲気を）自分の力に変えてベストを尽くします」

17日 似顔絵で振り返る山雅の躍進
長野銀行伊那東支店ロビーで選手の似顔絵展。伊那市のサポーター小松幸恵さん(40)の作品で、今季の全42試合ごとに活躍した選手を描いた42点が並んだ。

17日 反町監督トークショー「全力尽くす」
反町監督のトークショー（信越放送主催、信濃毎日新聞社共催）が松本市キッセイ文化ホールで開かれた。試合の映像やデータを示しながら「ラスト3ゲームの準備と試合」など4テーマで話し、約1900人が聞き入った。

18日 反町監督ら晴れ姿 J年間表彰
Jリーグ年間表彰式「Jリーグ・アウォーズ」が横浜アリーナで開かれ、J2初優勝の松本山雅FCが表彰された。新設のJ2優勝監督賞を受賞した反町監督は、壇上でのインタビューに「感無量です」と答えた。DF田中隼、FW前田も出席。

19日 県がスポーツ栄誉賞「大勢に夢」
県が松本山雅FCにスポーツ栄誉賞を贈った。反町監督やDF田中隼、運営会社の神田社長らが県庁で、阿部守一知事から表彰状を受け取った。贈呈式で阿部知事は「来季は多くの県民、サポーターの期待を選手一人一人が力に変えて活躍してほしい」と期待した。

20日 J2栃木の服部が加入
J2栃木のDF服部康平の完全移籍での加入が決まったと発表。

20日 安曇野市で写真展
今季を振り返る写真展が安曇野市穂高交流学習センターみらいで開幕。奮闘する選手らを捉えた写真のほか、試合球やユニホームなど約150点。

21日 志知が水戸へ移籍
MF志知孝明(24)がJ2水戸へ完全移籍すると発表。東海学園大在学中の15年に特別指定選手として加入。J3福島への期限付き移籍を経て、18年に復帰していた。「松本での日々は悔しいことしかなかったが、僕には必要な時間だったと思います」

22日 茅野市でも祝賀会
茅野市民らでつくる諏訪広域松本山雅プロジェクト実行委員会が市内で祝賀会。約40人が出席した。

24日 始動は1月13日、合宿3カ所で
開幕までの練習日程を発表。1月13日に松本市で始動し、千葉県東金市など3カ所で強化合宿を行う。

25日 AC長野のGK田中が加入
J3・AC長野のGK田中謙吾の完全移籍加入を発表。AC長野からの移籍は12年以降初。

25日 セルジーニョら6人契約更新
MFセルジーニョ、MF中美慶哉、MFパウリーニョ、GKゴドンミン、MF安東輝、DFジョジヌの6選手と来季の契約を更新したと発表。

26日 長島氏がコーチ就任 元徳島監督
元J2徳島監督で、今季までJ2岐阜でヘッドコーチを務めた長島裕明氏(51)が、来季のコーチに就任すると発表。長島氏のコーチ就任で指導態勢を手厚くする狙い。

27日 J1湘南から高橋加入、前田ら更新
J1湘南のMF高橋諒が完全移籍で加入すると発表。「J1に定着できるよう、そして自分自身が成長できるように向上心を持って一つでも多くの勝利に貢献したい」
また、DF橋内優也、FW前田大然、DF飯田真輝、DF浦田延尚、FW永井龍、GK村山智彦の6選手と来季の契約更新も発表した。

28日 石原がJ1仙台へ
主力として活躍したMF石原崇兆(26)がJ1仙台へ完全移籍すると発表。「またアルウィンで皆さんに会えるのを楽しみにしています」
J2岡山のMF塚川孝輝の完全移籍による加入も発表。

29日 下川がJ2愛媛へ
DF下川陽太(23)のJ2愛媛への期限付き移籍を発表。

2019 1月

▽新戦力続々―FW補強はベルギーから
▽スローガン「境界突破」でJ1残留目標

1日 初日の出にJ1活躍願う
サポーター約50人がサンプロアルウィンで初日の出を拝み、J1でのチームの活躍を願った。薄暗い午前6時半ごろから集まり始め、空がオレンジ色に染まると、歓声を上げて手を合わせた。10年ほど続く恒例行事。

松本山雅 J1に挑む

2018年のサッカーJ2で初優勝した松本山雅が今季、4年ぶりにJ1の舞台に挑む。8年目の指揮を執る反町康治監督は、コラム「RESPECT」で「果敢にチャレンジするしかない」「全員が自分の殻を破っていく覚悟が必要」と強調。松本市出身のDF田中隼磨(36)は、プロ20年目の節目ともなるシーズンに向け、インタビューに「喜びをたくさんの人たちと共有できるシーズンにしたい」と語った。

生き残る 扉開くため

松本出身 プロ20年目のDF
田中隼磨インタビュー

新シーズンへの抱負を語る田中隼磨＝信毎メディアガーデン

「やりがい」という挑戦
みんなに新しい景色見せたい

プレーする田中隼磨

―プロ20年目の節目となるシーズンが始まる。
「特別な思いは全くない。今までと同じように1年1年が勝負という気持ち」
―自身と松本山雅にとって4年ぶりのJ1。
「このクラブが初めてJ1で戦った前回(2015年)は1年でJ2に降格させてしまった。こんどはJ1で生き残ることがテーマになる。生き残って初めて見えてくる可能性や課題もきっとある。その新しい扉を開くためにも、選手や監督・コーチ、クラブが共通意識を持って戦いたい」
―15年のJ1での戦いを振り返って。
「プロになってから一番つらいシーズンだった。あれだけ勝てない（7勝7分け20敗）シーズンは経験したことがなかった。僕自身はJ1でトップの走行距離（34試合で計389・975㌔）をマークしたけれど、結局は相手に走らされていただけ。（リーグ戦）全試合にフル出場しながら、チームを勝たせられなかったことが苦しかったし、責任を感じた」
―昨季は控えに回る時期もあった。7月に37歳を迎える年齢を含め、現状をどう見ているか。
「年齢を重ねることで体力が落ち、それを経験でカバーしている部分はある。ただ、同年代や年上でもJ1の第一線に立ち続けている選手はいる。田中隼磨という選手を、他の選手たちと同じレールに乗せて見てほしくないという思いでサッカーと向き合っている」
―昨季はJリーグ通算500試合出場を果たした。
「考えることと、強い気持ちを持つことがサッカー選手としての自分を支えてきた。チームや監督から求められていることを考え、それまでのプレースタイルを捨ててでも新しい形にチャレンジすることを繰り返してきた。試合や練習に全力で取り組むことは当たり前で、強い気持ちというのは24時間の全てをサッカーに懸けて初めて持てると思っている」
―具体的には。
「食生活やプライベートでの誘惑を捨て、全ての時間を選手として生きるために使っている。甘いものが大好きだったが体づくりのために断った。油ものもそう。以前からお世話になっている栄養士の方と連絡を取り合って暖にメニューを考えてもらっている。自宅でテレビを見ることはなく、午後10時に寝て朝6時に起きる生活。20代前半までは我慢の意識があったが、今では練習や試合に向けて体と心のスイッチを入れるために欠かせない生活リズムになっている」
―生まれ育った松本で挑戦を続けている。
「このクラブに来るまでは、給料や環境、ACL（アジア・チャンピオンズリーグ）やクラブワールドカップ（W杯）を目指す挑戦が全てだったが、今は〝やりがい〟という挑戦が大部分を占めている。クラブや地域、若い選手たちに新しい景色を見せたいというやりがいのためにサッカーに取り組んでいる」
―19年の挑戦は。

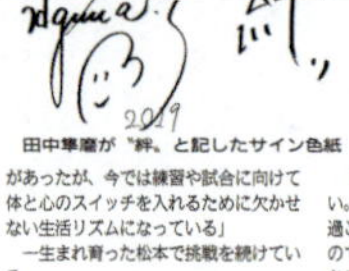

田中隼磨が〝絆〟と記したサイン色紙

たなか・はゆま　松本市出身。同市女鳥羽中から横浜Fの育成組織に進み、高校3年の時に横浜Mとプロ契約。2006年には日本代表に選出され、横浜Mと名古屋でJ1優勝を経験。14年に名古屋から松本山雅に移籍した。J1通算389試合出場15得点、J2通算130試合出場4得点。36歳。

「不器用だから手を抜くことができない。今まで毎日、常に100パーセントで過ごしてきた。だから新しい何かをするのではなく、今まで通り100パーセントをサッカーに注ぐだけ」
―ファンやサポーター、地域の人たちに対してどんな思いでいるか。
「数年前から『絆』という言葉を大切にしている。ファンやサポーター、チームメート、クラブ、家族たちとの絆があればこそ、喜びも悔しさも共有できる。昨季のように、目標を達成した時の喜びをたくさんの人たちと共有できるシーズンにしたい」

1月3日付

7日　過去最高の25億予算、半分は人件費

運営会社の神田社長が、今季は過去最高の約25億円の予算を組み、このうち半分を選手や指導陣の報酬などチーム人件費に充てる方針を明らかにした。

7日　田中隼と契約更新

松本市出身のDF田中隼磨と今季の契約を更新と発表。また、大分に期限付き移籍していたMF宮阪政樹の復帰と、完全移籍したDF那須川将大が完全移籍で加入すると発表。

7日　優勝記念の品を市役所で展示

運営会社は、優勝を記念したトロフィーやシャーレ(優勝皿)の展示を、松本市役所東庁舎で始めた。地域住民やサポーターに喜びを分かち合ってほしいと企画。

7日　運営会社が仕事始め

運営会社が松本市内の事務所で仕事始めの朝礼。社員ら約30人は神棚に向かい祈願し、神田社長が「今年も皆さんと一緒に山雅を良いクラブにしていきたい」と呼び掛けた。

8日　杉本と溝渕加入

J1鹿島のMF杉本太郎が完全移籍、J2千葉のDF溝渕雄志が期限付き移籍で、それぞれ加入と発表。またGK守田達弥、DF當間建文との契約を更新した。

9日　高崎、今井が契約更新

FW高崎寛之、DF今井智基の2選手と今季の契約更新と発表。またMF山田満夫(24)のJ3沼津への期限付き移籍も決まった。

10日「山雅だるま」期待も特大

アルピコホールディングスとアルピコ交通が、松本山雅に必勝祈願の「特大山雅だるま」を初めて贈った。高さ72センチで、チームカラーの緑色。昨季のJ2初優勝とJ1昇格を祝うとともに、今季の活躍を願って特大サイズにした。

10日　藤田と山本の契約更新

MF藤田息吹、FW山本大貴の2選手と契約を更新と発表。またFW小松蓮(20)のJ2金沢への育成型期限付き移籍も決まった。DF武藤友樹(23)は現役引退を発表。

11日　川崎からエドゥアルド加入

J1川崎のDFエドゥアルドが完全移籍で加入すると発表。また、MF岩上祐三と今季の契約を更新。昨季所属全選手の去就が確定した。

12日　新戦力—松本でお披露目

松本市内で新加入選手発表記者会見。この日までに加入が決まった13人の新戦力を、約150人のサポーターにお披露目。内訳は、昨季のJ1から2人、J2から7人、J3から1人。

13日　今季初の全体練習「いい緊張感」

松本市かりがねサッカー場で今季初の全体練習。約1000人の熱心なサポーターが見つめる中、選手たちはリラックスした様子で体を動かした。

13日　後援会南信州支部が祝賀会

山雅後援会南信州支部が箕輪町で祝賀会。運営会社の神田社長やアンバサダー鐵戸裕史さんらも出席し、上伊那地方の自治体のホームタウン化について討論。サポーター約320人が聞いた。

14日「境界突破」新体制発表会

松本市のキッセイ文化ホールで新体制発表会。今年のスローガンを「境界突破」と発表し、15年シーズンに果たせなかったJ1残留を目標に掲げた。会場は約2000人のサポーターで満席。拍手とコールで迎え入れられ、会場が一体となった応援歌を聞いた新加入選手たちは「心が熱くなって震えた」(塚川)「鳥肌が立った」(大野佑哉)など、一員となった実感を深めていた。

15日　レアンドロペレイラ加入へ

クラブブリュージュ(ベルギー)からブラジル出身のFWレアンドロペレイラの完全移籍での加入が内定したと発表。昨季は期限付き移籍してプレーしたブラジル1部のシャペコエンセで2桁得点をマークした。

15日　池田で優勝シャーレ展示

優勝を記念したトロフィーやシャーレ(優勝皿)の展示が池田町役場で始まった。約2カ月間でホームタウンを巡回する企画で、この後塩尻市や安曇野市でも展示された。

21日　ジョジヌが韓国へ一時帰国

左足を痛めているDFジョジヌがリハビリのため同日から韓国に一時帰国すると発表。22日に始まるキャンプには参加しない。

22日　千葉県でキャンプイン

千葉県東金市で1次キャンプがスタート。昨年までの静岡県御殿場市からキャンプ地を変更した。選手たちは、今季初めて天然芝のグラウンドでチーム練習に臨んだ。初日は東金市の鹿間陸郎市長がチームを訪ね、地元名産のトルコギキョウの花束やイチゴを贈って激励。2月2日まで。

23日　ホーム初戦はルヴァン杯から

Jリーグは、YBCルヴァン・カップの全日程を発表。松本山雅の今季のホーム初戦は3月6日にルヴァン杯1次リーグ第1節の清水戦に。

23日　前田が走力・持久力で驚異的数値

1次キャンプ第2日、走力と持久力を計測するYO－YOテストを行い、FW前田大然が2280メートルの驚異的な数値をマーク。田中隼、溝渕、藤田を含む4選手が2000メートル超を記録し、チームの持ち味でもある走力に磨きがかかっていることを裏付けた。

松本山雅この一年 2019・1〜2

24日 ハンヨンテが加入、鹿児島へ

朝鮮大のFWハンヨンテ(22)の加入が決まり、今季はJ2鹿児島に期限付き移籍すると発表。

25日 浅間監督に柿本氏派遣

クラブスタッフ柿本倫明氏(41)を北信越リーグ1部アルティスタ浅間に指導者として派遣し、監督に就くと発表。

26日 今季初の練習試合に500人

1次キャンプ地の千葉県東金市で今季初の練習試合。サポーター約500人が駆けつけて熱い視線を送った。地元の城西国際大を相手に30分を3回行い、0−0、2−0、2−0で勝った。

27日 新加入選手の横断幕作り

サポーター組織「ウルトラスマツモト」と「池いけ山雅倶楽部」が、池田町で新加入選手を応援する横断幕の作成会。約40人が参加し、レアンドロペレイラ、エドゥアルド、那須川将大、山本龍平の4選手分を作り、丁寧にペンキを塗った。

27日 フロアホッケーで交流

塩尻市の知的障害者とボランティアでつくるフロアホッケーチーム「グレープファイターズしおじり」が、アンバサダー鐵戸裕史さんらを同市塩尻西小学校体育館に招き、フロアホッケーの交流試合をした。

30日 農業プロジェクトの方向性探る

松本市中山地区の遊休農地で大豆を栽培する「のんびり村DEスマイル山雅農業プロジェクト」で、関わる運営会社や障害者施設の関係者、地元住民ら12人が、喫茶山雅で今後の事業展開について協議。産業用ロボットの活用で省力化を図る—といったさまざまなアイデアを出し合い、盛り上がった。

2月

▽開幕戦に向けキャンプ、戦術を磨き固める
▽後援会、個人・法人会員数ともに過去最高

2日 1次キャンプ打ち上げ練習試合

千葉県東金市での1次キャンプ最終日、VONDS市原(関東リーグ)と45分を3回の練習試合を行い、2−0、1−0、0−0だった。

2日 安曇野でキックオフイベント

安曇野市でキックオフイベント。後援会安曇野支部が初めて企画。約50人が穂高神社で必勝祈願をした後、ホームタウン活性化について約40人が意見交換。

3日 「ガンズくん」も節分豆まき

深志神社(松本市)で豆まき。マスコットキャラクター「ガンズくん」も加わって「福は内」「鬼は外」と言いながら豆や餅、ミカンなどをまいた。

4日 U−18西ケ谷監督らが抱負

松本市内で、今季のユースアカデミーの指導体制や育成方針を発表する記者会見。新たにU−18監督に就く元J2水戸監督の西ケ谷隆之氏は「トップに通用する選手の育成や人間形成を大切に、選手を成長させることが使命」と抱負を述べた。

5日 静岡市で2次キャンプ入り

静岡市・清水ナショナルトレーニングセンターで2次キャンプを開始し、4日間の日程で攻撃面の強化に着手。初日午後の戦術練習では、長さを3分の2程度に短くしたピッチで14人対14人の形をつくり、後方からの攻撃の組み立てを繰り返した。

5日 上松町で元選手のサッカー教室

上松町社会体育館で元選手らによるサッカー教室。ともに町出身で、元選手の今井昌太さんや普及部門チーフの小林容太さんらが上松保育園年長児約30人に教えた。

7日 2次キャンプで紅白戦

2次キャンプ第3日、今季初めてフルコートで紅白戦。選手の組み合わせを変えながら13分程度を3回行い、1次キャンプから個別のテーマごとに構築してきた攻守の仕上がりを実戦の中で確かめた。

9日 J2大宮とプレシーズンマッチ

さいたま市でJ2大宮とのプレシーズンマッチ。試合は0−2で敗れたが、約1000人のサポーターが駆け付けた。

9日 女性企業家盛り上げにガンズくん一役

中信地方の女性経営者らでつくる「アルプス女性企業家会議」が、約50の店や団体が出展する「信州なでしこマーケット」を安曇野市で開催。運営会社社員とガンズくんが初参加し、盛り上げた。

10日 鹿児島で3次キャンプ入り

鹿児島市で3次キャンプ入り。7日間の日程。コンディションを高めながら、より多くの実戦機会を設けてチームの主力を固める強化の最終段階。情報管理も徹底し、13日と16日の練習試合は非公開で行い、対戦相手、試合結果とも公表しなかった。

14日 Jリーグ開幕前イベント

都内のホテルで、22日の開幕を前にしたイベント。松本山雅からは反町監督とFW前田大然が参加した。プロ4年目で初めてJ1の舞台に挑む前田は「(開幕戦で)必ずゴールを取って勝ちたい」。反町監督と、磐田の名波浩監督は笑顔を交えて相手をたたえつつ、開幕戦に向けて火花を散らした。

14日 若手選手ら、知覧で平和へ思い

鹿児島県で3次キャンプ中の若手選手らが、南九州市にある「知覧特攻平和会館」を見学し、太平洋戦争で特攻基地の一つだった同地に残された特攻隊員の遺書などを見た。22歳のDF大野佑哉は「当時の人たちからすれば今の自分は幸せ者。もっと強く生きていこうと思った」。

15日 長野銀がサイン入り定期証書

長野銀行が、1年物スーパー定期預け入れで記念証書を作り、19年松本山雅カレンダーをプレゼントするキャンペーンを開始。記念証書はA4判で、表にチームの写真、裏に選手と監督の直筆サインを印刷。

17日 山形村でキックオフイベント

山形村アイシティ21で、今季開幕戦直前のキックオフイベント。反町監督と選手32人が決意表明し、サポーター約1200人を前に「チームに貢献したい」「皆さんの力が必要」と語った。

17日 後援会総会−初の支援金500万円

山雅後援会が松本市内で総会。18年度の個人会員数は763口、法人会員数が192口でともに過去最高となり、支援金が初めて500万円に上ったことを報告。

19日 田中隼、旭町小で交流

DF田中隼磨が、松本市旭町小学校で全校児童約400人と交流。田中は自身の子ども時代を振り返りつつ、夢や目標を見つけて行動していく大人になってほしい—とエール。ボールを使ったゲームも楽しんだ。

20日 開幕戦へ—静岡で最終調整

敵地で磐田と対戦する開幕戦に向けた最終調整を静岡市で開始。約2時間半の練習では、ゲーム形式で選手同士が激しくぶつかり合った。「いい競争が生まれ、いい緊張感の中で練習できた」と反町監督。

21日 空き駐車場確保へ連携

インターネットによる空き駐車場の仲介サービス

を展開する「軒先」（東京）は、運営会社と連携し、公式戦開催日などに合わせたサービスを始めると発表。サンプロアルウィン周辺で空き駐車場を確保し、渋滞緩和や違法駐車防止を狙う。

21日　投票で選ぶ「月間ＭＶＰ」

運営会社は「月間ＭＶＰ」を新設したと発表。スポンサーのセイコーエプソンとともに、今季のＪ１リーグ戦で各月ごとに最も活躍した出場選手をファン、サポーターの投票で決め、表彰する。公式サイト特設ページから、試合ごとに投票する仕組み。

23日　Ｊ１第１節＝磐田Ⓐ　△１－１

23日　敵地でサポーター１４００人後押し

「よく戦った」「Ｊ１の舞台で戦い続けて」。４年ぶりに参戦したＪ１の開幕戦。ヤマハスタジアムの客席の９割を磐田サポーターが埋める中、約１４００人の山雅サポーターが声をからした。松本市や岡谷市ではパブリックビューイングが行われた。

25日　喫茶山雅２周年　元主将が一日店長

喫茶山雅でオープン２周年の記念イベント。元主将の須藤右介さん(32)が「一日店長」を務め、店舗マネジャーの元選手阿部琢久哉さん(34)と共に接客。夜には他のＯＢも交えたパーティーを開いた。

27日　アルウィンの芝入り「全勝守」一新

サンプロアルウィンの指定管理者ＴＯＹＢＯＸが、ピッチで刈り取った芝を入れたお守り「全勝守」を発売。昨季のＪ２初優勝、Ｊ１再昇格にあやかり08年に販売したお守りをリニューアル。

27日　選手らに浅間温泉施設の無料入浴券

浅間温泉旅館協同組合が運営会社に、日帰り温泉施設「ホットプラザ浅間」の無料入浴券３５００枚を贈った。

28日　ＨＡＹＵＭＡシートに子ども招待

運営会社は、ＤＦ田中隼磨がサンプロアルウィンに子どもを無料招待する「ＨＡＹＵＭＡシート」を設けると発表。リーグ戦とＹＢＣルヴァン杯１次リーグのホーム戦計20試合に設定。

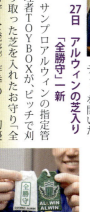

3月

▽浦和とのホーム開幕戦には歴代３位の来場者
▽ＦＷ前田がＵ―22日本代表に選出

1日　ルヴァン杯など来場呼び掛け

運営会社が朝、サンプロアルウィンでのＹＢＣルヴァン杯１次リーグ清水戦（６日）や、ホーム開幕戦（９日）の浦和戦を前に、松本駅前など県内９カ所で来場を呼び掛けた。

2日　Ｊ１第２節＝大分Ⓐ　○１－０

2日　初勝利に敵地で喜び爆発

１―０で大分に勝利した第２節、昭和電工ドーム大分に集まった約５００人の松本山雅サポーターからは「今季はひと味違う」「良いスタートダッシュ」と期待が寄せられた。

3日　アルウィンをきれいに大作戦

今季初のホーム戦（６日・ルヴァン杯第１節）を前に、サンプロアルウィンで「日本一気持ちのいいスタジアム大作戦」。県内外のサポーター約１００人が、通路をほうきで掃いたり、椅子や手すりを拭いたりした。

5日　ゴドンミンがＵ―20韓国代表遠征へ

ＧＫゴドンミンがＵ―20韓国代表のスペイン遠征メンバーに選出されたと発表。22日にウクライナ、25日にフランスのＵ―20代表との国際親善試合へ。

5日　神田社長「南箕輪と接点を」

運営会社の神田社長が、南箕輪村役場を訪れ唐木一直村長と懇談。ホームタウンも話題になり、同村長は「周辺自治体の動向を見ながら検討したい」と話した。

5日　相手サポーターに松本城無料観覧券

松本観光コンベンション協会が、３月のホーム２試合に来場した相手チームのサポーターに、国宝松本城の無料観覧券を配ると発表。観戦に合わせて松本城や中心市街地に足を運んでもらう狙い。各日約３０００枚。

6日　ルヴァン杯第１節＝清水Ⓗ　○２－１

6日　山雅のマンホールふた設置へ

松本市上下水道局は19年度にも、松本山雅のエンブレムなどをあしらったマンホールのふたを設置することを計画。市議会一般質問で明らかにした。

7日　反町監督55歳―祝うケーキ

８日に55歳の誕生日を迎える反町監督が、松本市内での練習後に報道陣から誕生日ケーキを贈られた。「忙しくてすっかり忘れていた」と祝福に驚いた表情を見せたが「この年でも現場で働けていることはうれしい」と笑顔でケーキをほおばった。

8日　勝星バーガーに全緑コッペ

松本市中央２のパントリーマルナカが、各試合に合わせて「勝星バーガー」「全緑コッペ」など３種類のパンを販売。包装資材商社の日進ピー・ディー・エス（松本市）も９日、パッケージにエンブレムなどを入れたポテトチップスとバウムクーヘンを発売。「食べる」を通して応援。

8日　元主将須藤氏Ｕ―15コーチに

10～12年に選手として在籍し、主将も務めた須藤

松本山雅この一年　2019・3～4

右介氏が、育成組織U―15チームのコーチに就任と発表。9日から指導へ。

8日　上高地線つり革に応援ステッカー
アルピコ交通は、上高地線電車のつり革に応援ステッカーを貼った。同線を走る4編成のうちの1編成2両分で、浦和とのホーム開幕戦がある9日から、今シーズンの終了まで運行。

9日　J1第3節＝浦和Ⓗ　●0―1

9日　ホーム開幕戦に1万8922人
浦和と対戦した今季リーグのホーム開幕戦。サンプロアルウィンには歴代3位となる1万8922人のサポーターが押し寄せた。信濃毎日新聞社は試合後、結果を伝える特別号を1500部配布。

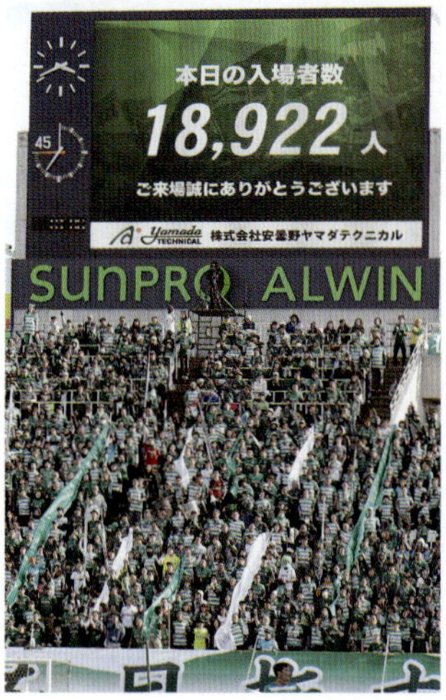

11日　U―15女子チーム設立へ
中学生年代の女子チーム「松本山雅FCレディースU―15」を4月に発足させると発表。将来的には女子もトップチームまで活動範囲を広げる考えで、まずは女子の受け皿になることを目指す。

13日　ルヴァン杯第2節＝G大阪Ⓐ　●1―2

14日　敵地広島戦で異例の県外練習
第4節のアウェー広島戦に向けた練習を関西地方で行った。13日夜のルヴァン杯G大阪戦（吹田市）出場選手の一部が現地にとどまり、8選手が合流。西日本での敵地戦が短い間隔で2試合続くため、バスによる長距離移動の負担を減らす狙い。

14日　前田がU―22日本代表
日本サッカー協会は、U―23アジア選手権予選（22～26日・ミャンマー）に出場するU―22日本代表23人を発表、FW前田大然が選出された。U―21日本代表の銀メダル獲得に貢献した昨夏のジャカルタ・アジア大会に続く選出。

15日　U―15女子チームへ18人が体験練習
松本市内で中学生対象の女子チーム「松本山雅FCレディースU―15」の体験練習会。入団希望者を中心に、松本市や安曇野市などの新中学1～3年の18人が参加した。

⚽山雅を地域《ちいき》の文化に　アンバサダー・鉄戸裕史《てつとひろし》さんに聞く

松本山雅FCを運営《うんえい》する株式《かぶしき》会社松本山雅（松本市）のチーム統括本部《とうかつほんぶ》強化担当《たんとう》でアンバサダー（親善《しんぜん》大使）の鉄戸裕史《てつとひろし》さん（36）を11日、同社に訪《たず》ね、インタビューしました。

◆

鉄戸さんに、選手を引退《いんたい》して、なぜふるさとの熊本《くまもと》から遠い松本で働くことを決めたのか質問《しつもん》しました。鉄戸さんは、山雅が地域《ちいき》リーグだったときに入団《にゅうだん》。山雅はまだあまり知られていませんでした。それでも地域の方が鉄戸さんを一人の人間として温かく迎《むか》え支《ささ》えてくれたので、いつか恩《おん》返《がえ》しをしたいと思っていたそうです。

鉄戸さんはふだん2つの仕事をしています。1つは、アンバサダーとして、地域のイベントや保《ほ》育園《いくえん》、学校、企業《きぎょう》に行き、山雅の魅力《みりょく》を伝える仕事です。2つ目は、強化担当《たんとう》として選手の練習のサポートをしています。地域に出て行くことが多く、いろんな人と話せることが楽しみだと話してくれました。

アンバサダーの鉄戸さん（左）にインタビュー

地域を盛《も》り上げるために必要なことは何かと聞くと、松本山雅がJ1に定着することを挙げました。地域の経済効果《けいざいこうか》が大きくなるし、レベルの高い選手のプレーを見て、子どもたちの将来《しょうらい》の夢《ゆめ》にもつながるからだそうです。山雅が地域の文化や生活の一部になるよう、魅力あるチームをつくっていきたいと話しました。

鉄戸裕史《てつとひろし》さん　熊本《くまもと》県益城《ましき》町出身。熊本商業高校から佐賀《さが》大学、社会人チームを経《へ》て2006年にJ2鳥栖《とす》に加入。09年6月、北信越《ほくしんえつ》リーグ1部の松本山雅へ移籍《いせき》。中心選手としてJFL、J2、J1昇格《しょうかく》を経験《けいけん》し、山雅に8シーズン在籍《ざいせき》した。16年に現役《げんえき》を引退《いんたい》し、翌年《よくねん》、松本山雅のアンバサダーに就《つ》いた。

3月16日付

17日　J1第4節＝広島Ⓐ　●0―1

17日　信毎MGの広島戦PVに200人
アウェー広島戦のパブリックビューイング（PV）が信毎メディアガーデンで行われ、大型スクリーンの迫力ある中継をユニホーム姿などのサポーター約200人が観戦。強豪相手に0―1という結果に「悪くない」「あと一歩」と健闘をたたえる声が上がった。

18日　湘南と練習試合
松本市かりがねサッカー場でJ1湘南と練習試合。今季初めて練習拠点の天然芝グラウンドを使い、1―1だった。

20日　全身冷却機器で選手支援
松本市の建設業クリエーター・セスと運営会社が、体を冷やすことで疲労回復を促進する効果があるとされる「クライオセラピー」の機器を無料提供する契約を締結。

24日　再構築へ2回の練習試合
県内外で2回の練習試合。開幕4試合を同じ先発で臨んだJ1リーグ戦で2連敗中のため、選手の組み合わせを変えてチーム内競争を促す狙い。

26日　山雅デザインの記念ビール
キリンビール長野支店（長野市）は、J1再昇格を記念したデザイン缶「キリン一番搾り生ビール」を発売。15年のJ1初昇格を記念してデザイン缶を発売して以降、今回で第5弾。

28日　前田が遠征終え合流
ミャンマーでのU―23アジア選手権予選にU―22日本代表として出場し、2試合で計5得点をマークしたFW前田大然が、遠征を終えてチーム練習に合流。格下相手だったが、ゴールを量産して「得点の感覚がつかめた」と自信。

30日　山本大ら駒ケ根で交流
駒ケ根市で選手らとファンが交流する催し「南信からもキックオフ」。同市で2年ぶり。FW山本大貴らがトークショーやサイン会を行った。

31日　J1第5節＝川崎Ⓗ　●0―2

31日　試合で市政PR―紫外線予防啓発
川崎戦が行われたサンプロアルウィン近くで、松本市が市政のPR活動をした。スポーツ観戦時の日焼け止め対策の必要性を訴え、27日にサービスを始めた有料シェアサイクル事業も紹介した。

4月

▽「月間MVP」新設、初受賞はDF高橋
▽スター軍団・神戸に勝利で歓喜!

2日　震災被災者支援募金に63万円
3月にサンプロアルウィンで行ったリーグ戦ホーム2試合で募った東日本大震災や熊本地震などの災害復興支援金が総額63万5875円に上ったと、運営会社が発表。Jリーグ全55クラブによる復興支援活動「TEAM AS ONE」の一環。

4日　天皇杯初戦は栃木・青森代表の勝者と
日本サッカー協会が第99回天皇杯の3回戦までの組み合わせを発表。松本山雅は7月3日に初戦の2回戦で、栃木県代表と青森県代表の勝者とサンプロアルウィンで対戦へ。

5日　中大の三ツ田が来季加入へ
中大4年のDF三ツ田啓希の来季加入が内定し、日本サッカー協会から特別指定選手として承認されたと発表した。中大に所属したままJ1などの公式戦に出場できる。

5日　宮地が米クラブへ完全移籍
17年途中に当時J2の名古屋から加入し、昨季はJ3沼津に期限付き移籍していたDF宮地元貴（24）が米国下部リーグのクラブに完全移籍すると発表。松本山雅では公式戦出場なし。

5日　初の月間MVPは高橋
運営会社は、2～3月のリーグ戦で最も活躍した選手をファン投票で決める「月間MVP（最優秀選手）」にDF高橋諒が選ばれたと発表。セイコーエプソンと協力して今季新設した制度で初の受賞者。

6日　J1第6節＝神戸Ⓗ　○2―1

6日　スター軍団撃破に松本歓喜
2―1で神戸に勝利した会場のサンプロアルウィンは、今季リーグ戦ホーム初勝利を祝う大歓声に包まれた。元スペイン代表イニエスタらスターがそろう神戸に先制し、体を張って攻撃をはね返し続けた山雅の選手に、惜しみない拍手が送られた。

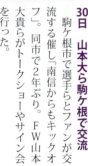

6日　エプソン自社製品でおもてなし

2−1で神戸に勝利した会場のサンプロアルウィンで、セイコーエプソンが自社製品を生かした多彩な企画で観衆をもてなした。大判プリンターで印刷した選手の写真展示など。

9日　レディースU−15が初練習

新設した女子中学生チーム「松本山雅FCレディースU−15」の初練習を松本市内で行った。中南信の中学1〜3年生16人が1期生として登録し、この日は15人が参加。全員がサッカー経験者で、初日からボールを使ってパスやコントロールの技術を磨く練習に取り組んだ。

10日　ルヴァン杯第3節＝磐田Ⓗ　●1−3

14日　J1第7節＝湘南Ⓐ　△1−1

15日　J2金沢と練習試合

松本市でJ2金沢と練習試合、1−2で敗れた。0−2の後半44分にジョジヌのゴールで1点を返した。

20日　J1第8節＝鳥栖Ⓗ　○1−0

20日　前田ゴールにサポーター総立ち

サンプロアルウィンで鳥栖に1−0で勝利、スタンドは2試合ぶりの勝利に沸き立った。平成最後のサンアルでの試合は、期待を背負うFW前田大然が決勝点となるJ1初ゴールを決め、興奮冷めやらぬ様子だった。

24日　ルヴァン杯第4節＝清水Ⓐ　△2−2

25日　株主総会―売上高過去最高に

松本市内で運営会社株主総会を開き、過去最高となる22億3900万円余(前期比12・5％増)の売上高を計上した第9期(2018年2月〜19年1月)の決算を報告、承認された。純利益は3000万円余(前期比35・6％減)で、9期連続の黒字。

25日　HG選手数、規定下回る1人

Jリーグは、都内での理事会でJ1のホームグロウン(HG)選手数を報告し、松本山雅は前田大然1人だけで規定の2人を下回った。来季はプロA契約選手の登録上限が1人少なくなる。

25日　信州健康ランドが寄付金贈る

塩尻市の信州健康ランドが運営会社に、来館者から集めた10万円を「強化支援金」として贈った。観戦チケットの半券持参の入館料を値下げするキャンペーンを行い、さらに100円を返金し、賛同者に寄付してもらった。

28日　J1第9節＝FC東京Ⓐ　●0−2

29日　J2岐阜と練習試合

岐阜県中津川市でJ2岐阜と練習試合、0−1で敗れた。後半13分に失点し、無得点に。中津川市サッカー協会50周年記念事業の一環。

5月

▽FW前田が森保ジャパン入り
▽DF田中隼がJ1通算400試合出場

2日　4月MVPはレアンドロペレイラ

4月の月間MVPにFWレアンドロペレイラが選ばれたと、運営会社が発表。

4日　J1第10節＝C大阪Ⓗ　●0−2

8日　ルヴァン杯第5節＝磐田Ⓐ　●0−1

10日　信濃毎日新聞社が30万円寄付

信濃毎日新聞社は、運営会社にサポーターらから募った協賛金の一部を寄付。県内外の469人から広告協賛金が集まり、このうち30万円を贈った。

12日　J1第11節＝札幌Ⓗ　△0−0

13日　J2町田と練習試合

松本市でJ2町田と練習試合、3−1で勝った。前半に山本龍と高崎のゴールで2得点。後半は1点ずつを取り合った。

17日　U−22に小松を選出

日本サッカー協会は、トゥーロン国際大会(フランス)に出場するU−22日本代表22人を発表し、J2金沢に育成型期限付き移籍しているFW小松蓮が選出された。

17日　遊休農地で栽培した「緑色大豆」

運営会社は、松本市の農家らと遊休農地で栽培した緑色大豆「あやみどり」2キロを同市中山保育園に提供した。鐵戸裕史アンバサダーらが届け、大豆入り給食を一緒に食べた。

18日　J1第12節＝鹿島Ⓐ　●0−5

19日　餅の生地でガンズくん

運営会社は、粘土の代わりに米粉が主原料の餅生地「ライスドゥ」を使ったクレイアートの教室を、喫茶山雅で開いた。中信地方の11組19人が、ユニホームやガンズくんの形にして味わった。

22日　ルヴァン杯第6節＝G大阪Ⓗ　△0−0

22日　聴覚障害者ら手話で応援

ルヴァン杯でG大阪と対戦したサンプロアルウィンで、県内の聴覚障害者ら約20人が「手話応援団」を結成し、選手たちを応援。大型ビジョンには、反町監督やFW永井龍らが手話で「ありがとう」「こんにちは」などと表現する動画も映し出された。

24日　前田が森保ジャパン入り

日本サッカー協会は、南米選手権(ブラジル)に出場する日本代表23人を発表し、U−22日本代表でFW前田大然が初選出された。県内クラブに所属する選手が、年齢制限のないフル代表に選ばれるのは男子では初めて。

26日　J1第13節＝名古屋Ⓐ　○1−0

「抜け道」選ばず　期限付き移籍先で経験期待

山雅　2選手成長優先

ホームグロウン制度の規定満たせず　来季契約枠で制限

サッカーJ1の松本山雅が、Jリーグが新設した「ホームグロウン(HG)制度」の規定を満たせず、来季の選手契約枠の制限を受けることになった。規定を満たすため、対象選手の期限付き移籍の時期をずらすなど〝抜け道〟もあったが、松本山雅は選手の成長を第一に考える判断をした。

山雅 J1 再び

同制度は各クラブに選手育成の責任を持ってもらうのが狙い。HG選手を12〜21歳の間に3シーズン、自クラブに登録した選手とし、規定人数以上の保有を義務付けた。育成組織出身や高卒で加入した選手が対象だ。外国籍選手枠の拡大とセットにした形で今季はJ1クラブを対象に導入された。

今季の規定人数2に対して、松本山雅のHG選手は高卒4年目のFW前田大然(21)のみ。J1の18クラブで松本山雅だけが規定を満たせず、来季は原則年俸上限のないプロA契約枠の上限25人から、不足した1人分が減らされる。

松本山雅は前田の他に、高卒7年目のGK永井堅梧(24)と育成組織出身のFW小松蓮(20)のHG対象2選手を保有している。しかし、今季はそれぞれJ2の徳島と金沢に期限付き移籍。登録期限の3月29日時点でHG選手は前田のみだった。

松本山雅は規定を満たすために、対象2選手を登録期限まで自チームに登録するやり方もあった。だが、加藤善之ゼネラルマネジャーは「2人にとって外に出た方が(試合出場の)チャンスが増えるという判断をした」と強調。チームの骨格を担うA契約枠の削減は強化の上で痛手だが、選手に試合経験を積んで成長してもらうことを願った形だ。

昨季は松本山雅で公式戦出場がなかった小松は、今季は金沢でJ2リーグ戦9試合出場3得点(1日時点)の成績を残しており、金沢の柳下正明監督は「(松本山雅は)小松の成長と金沢のことを思って、シーズンの最初から移籍させてくれた。ありがたい」としている。

J1クラブの規定人数は、2021年に3人以上、22年には4人以上に拡大される予定。4月28日に対戦したFC東京は12人のHG選手を登録し、うち4人が松本山雅戦に先発出場した。

育成組織出身選手はA契約枠にカウントされないため、J1定着を目指す松本山雅は今後、HG制度の是非に関係なく自前で有望選手を育てることが重要になる。柴田峡編成部長は「この地域の若い選手たちを、トップチームに上げていくことを育成の柱にしたい」と話している。

渡辺(右)らFC東京のHG選手と競り合う松本山雅・前田(右から2人目)＝4月28日

5月2日付

26日　DF田中隼がJ1通算400試合出場

プロ20年目の田中隼が、史上24人目のJ1通算400試合出場を名古屋戦で達成した。通算300試合出場を達成してから7年の歳月が流れた。

27日　J3富山と練習試合

松本市でJ3富山と練習試合、2−1で勝った。1点を追う後半に高崎と榎本のゴールで逆転。

松本山雅この一年　2019・6～8

6月

▽南米選手権にFW前田が先発
▽リーグ前半戦終了、残留に黄信号

1日　J1第14節＝清水Ⓗ　△1─1

2日　J2新潟と練習試合
新潟県十日町市でJ2新潟と練習試合、0─5で敗れた。前半に2失点、後半に3失点。

4日　町田が右足骨折
ルヴァン杯のG大阪戦(5月22日)で右足を負傷したMF町田也真人が、右第2基節骨と中足骨の骨折で全治約8週間の診断と発表。再び長期離脱に。

4日　5月MVPは杉本
運営会社は、5月の月間MVPにMF杉本太郎が選ばれたと発表。名古屋戦ではリーグ戦今季初ゴールでチームを5試合ぶりの白星に導いた。

15日　J1第15節＝仙台Ⓗ　●0─1

15日　山雅色に光り輝くサンアル
仙台と対戦したサンプロアルウィンで、大勢のサポーターがペンライトなどを持ち寄り、試合前に緑色の光でスタジアムを輝かせた。

16日　J3相模原と練習試合
松本市でJ3相模原と練習試合、2─3で敗れた。パウリーニョと山本大のゴールで2─1とリードしたが、その後2失点。

17日　南米選手権に前田先発
南米選手権1次リーグ初戦の1試合がサンパウロで行われ、招待参加で20年ぶり出場のC組の日本は、チリに0─4で完敗。先発したFW前田大然は後半途中までプレーした。

20日　橋内が右脚負傷で全治6週間
仙台戦(15日)で右脚を負傷したDF橋内優也が、右膝内側側副靱帯損傷で全治約6週間の診断と発表。ゲームキャプテンの負傷は大きな痛手に。

22日　J1第16節＝横浜MⒶ　●0─1

24日　前田出場の南米選手権8強ならず
南米選手権で招待参加の日本は、エクアドルと1─1で引き分け。1次リーグC組の3位で8強入りはならなかった。前田は後半終盤から途中出場。

29日　J1第17節＝G大阪Ⓗ　●1─3

29日　逆襲に期待　リーグ前半最終戦
ホームで行われた今季の前半最終戦。G大阪に1─3で敗れたが、会場を緑に染めたサポーターは試合終了まで声援を送り続け、「気持ちを切り替えてJ1残留につなげてほしい」と後半戦の巻き返しに期待。

29日　JR火災でサポ移動にも影響
南木曽町のJR中央西線トンネル内で起きた火災の影響で、特急しなのが上下線で始発から運休。名古屋駅を使うG大阪のサポーターが、移動手段の変更を余儀なくされる影響も出た。

7月

▽FW前田がポルトガル1部へ移籍
▽夏の補強スタート、山形からFW阪野ら

1日　福岡・飯塚高の村越が来季加入
福岡・飯塚高のMF村越凱光(17)の来季加入が内定と発表。来季に向けてはDF三ツ田啓希に続き2人目。

3日　天皇杯2回戦＝J3八戸Ⓗ　●2─3

松本空港、選手の大型ボードが歓迎

県営松本空港ターミナルビルのロビーに、選手たちを写した大型ボードが登場。空の玄関口で応援ムードを高めようと、運営会社とビルを所有・運営する第三セクターが初めて企画。

5日　6月MVPはGK守田
運営会社が、6月の月間MVPにGK守田達弥が選ばれたと発表。4試合全てにフル出場し、コンスタントに好セーブを見せた。

7日　J1第18節＝札幌Ⓐ　△1─1

8日　J3群馬と練習試合
松本市でJ3群馬と練習試合、1─1で引き分けた。前半は先制されたが、31分に榎本のゴールで同点に。後半は両チームとも無得点。

10日　塚川が岐阜に期限付き移籍
MF塚川孝輝がJ2岐阜に期限付き移籍と発表。期間は19日からだが、10日の練習から合流した。

11日　喫茶山雅、初のメニュー刷新
喫茶山雅が17年の開店以来初めて、ランチメニューを大幅リニューアル。メインの日替わり定食は、信州オレイン豚を使ったしょうが焼きや旬のアジフライなど数種類から一つ選べる。

13日　J1第19節＝磐田Ⓗ　●0─1

13日　ホーム戦の前「人前結婚式」

ともに松本山雅ファンで御代田町在住の長谷侑弥さん(31)と美奈子さん(33)夫婦が、サンプロアルウィンで人前結婚式を挙げた。磐田戦の直前で、サポーターらが祝福した。

14日　J2甲府と練習試合
松本市でJ2甲府と練習試合、1─1で引き分け。1点を追う前半45分にレアンドロペレイラのゴールで同点。後半は両チーム無得点。

16日　阪野と高木が移籍合流
J2山形のFW阪野豊史と、J2柏のDF高木利弥が、ともに完全移籍で加入。阪野は16日付、高木は15日付で発表し、2人とも16日の練習からチームに合流。

20日　J1第20節＝広島Ⓗ　△2─2

20日　土壇場の劇的弾にサンアル総立ち
広島と2─2の引き分けに持ち込んだホーム戦。4試合ぶりに先発したMFパウリーニョ

が、試合終了間際で劇的な同点ゴールを決めると、総立ちで大喜び。

21日　前田がポルトガル1部へ
FW前田大然のポルトガル1部マリティモへの期限付き移籍が決まったと正式発表。20年6月末まで。攻守に貢献度が高く前田は欠かせない戦力で、クラブは慰留に努めたが、最終的には本人の強い海外挑戦の希望を受け入れて移籍を容認した。

21日　ファン感謝デーで交流
サンプロアルウィンでファン感謝デー。ファンクラブの会員約3500人が訪れ、選手とサッカーのミニゲームなどをして交流。前夜の試合で引き分けて16位に浮上したチームは、「全力で戦い抜く」とファンに誓った。

23日　若手支援の新会員制度創設
未来を担う若手育成に向け、運営会社は、新たな会員制度「RAZUSO(ラズーソ)」を8月に始めると発表。神田社長は記者会見で「多くの、思いがこもった支援を受けたい」と力を込めた。

28日　FC東京と練習試合
東京都小平市でJ1のFC東京と練習試合。両チームとも主力級が出場、2点差を追い付いたが、後半にPKで勝ち越され、2─3で敗れた。

28日　那須川がJ3藤枝へ
DF那須川将大がJ3藤枝に完全移籍すると発表。今季、大分から加入。松本山雅には17年まで3年間在籍しており、2年ぶりの復帰だった。

8月

▽夏の移籍期間、新戦力続々
▽サンアル観戦者、200万人に到達

2日　7月MVPはパウリーニョ
7月の月間MVPにMFパウリーニョが選ばれたと、運営会社が発表。広島戦で試合終了間際にミドルシュートを決め、価値ある勝ち点1をもぎ取った。

松本山雅この一年　2019・8～10

4日　J1第21節＝川崎Ⓐ　△0−0

4日　元日本代表・水本が加入

J1広島の元日本代表DF水本裕貴が期限付き移籍で加入し、松本山雅のFWレアンドロペレイラ(28)が広島に期限付き移籍すると発表。

5日　水本が練習試合出場

松本市で新潟医療福祉大と練習試合を行い、J1広島から期限付き移籍で加入したDF水本裕貴が先発出場。山雅初実戦は、3バックの左と中央に入り、約70分間プレーして無失点に抑えた。

10日　J1第22節＝清水Ⓐ　●0−1

10日　エドゥアルドが一時帰国

右足首を痛めて離脱中のDFエドゥアルドが、検査と治療のためブラジルに一時帰国したと発表。

11日　J2町田と練習試合

松本市でJ2町田と練習試合、1−0で勝った。後半38分に練習生がゴールを決めた。

12日　山本大が岡山、當間は岐阜へ

FW山本大貴がJ2岡山へ、DF當間建文がJ2岐阜へ、それぞれ期限付き移籍することが決定。ともに20年1月末までで、この間は松本山雅との公式戦には出場できない。

14日　新設のU−16で優勝

県内外の高校生が競う第20回信濃毎日新聞社杯チャンピオンズカップは最終日、松本市などで行われた。今年新設されたU−16は、決勝で松本山雅が興国(大阪)を2−0で下して優勝。

14日　J2千葉から山本真が加入

J2千葉のMF山本真希が期限付き移籍で加入と発表。20年1月末まで。15日の練習から合流。

15日　榎本がJ3群馬へ

FW榎本樹がJ3群馬に育成型期限付き移籍すると発表。20年1月末まで。

18日　J1第23節＝名古屋Ⓗ　△1−1

J参入の12年以降 アルウィンのホーム戦

山雅 来場者200万人

来場者200万人達成を伝える大型ビジョン

サッカーJ1松本山雅FCが松本市のサンプロアルウィンで名古屋グランパスと1−1で引き分けた18日、山雅がJリーグに参入した2012年以降のホーム戦来場者が計200万人を突破した。200万人目となった松商学園高校（松本市）3年の藤村萌花さん(17)に記念品が贈られた。【11面参照】

試合前にセレモニーがあり、運営会社の神田文之社長が「2,000,000」と記した記念ユニホームを藤村さんに贈呈し、サポーターが拍手で祝福した。藤村さんは「小学生からずっと応援してきて良かった」と喜んでいた。

1万8千人余が詰め掛けたこの日の試合は、7試合ぶりに先発したFW永井龍選手が後半35分に先制。サポーターはガッツポーズをしたり、フラッグやタオルマフラーを回したりして盛り上がったが、終盤、名古屋に追い付かれ引き分けに。藤村さんは「勝てると思っていたのに」と悔しがったが、「残りの試合で勝ちを積み重ね、J1に残留してほしい」と願った。

8月19日付

19日　J3富山、東海大と練習試合

大町市でJ3富山、東海大と45分間ずつ総当たりで戦う練習試合。東海大戦は0−2、富山戦は町田と高崎のゴールで2−1だった。

23日　J1第24節＝浦和Ⓐ　○2−1

25日　県ユース選抜　U−15／13でV

第26回信毎杯大会は最終日、松本、塩尻市などで行われ、U−15とU−13でともに松本山雅が優勝した。

25日　「緑化計画」ポスター配布

運営会社は、ホームタウン7市町村と上田市や岡谷市の商店街や駅周辺などで、ホーム戦の日程を載せたポスターを配った。チームカラーの緑色を街中に目立たせる「夏の緑化計画」として企画し、スタッフやサポーターら約200人が参加。

27日　イズマが練習参加

元ギニアビサウ代表でポルトガル国籍を持つFWイズマが練習に参加。J1残留に向けた戦力として手続きを進め、9月10日、加入決定を発表。

31日　J1第25節＝大分Ⓗ　△0−0

31日　高円宮杯県リーグ1部で4連覇

高円宮杯U−18県リーグ1部第12節で、首位の松本山雅U−18が2位の松本国際高と1−1で引き分け、2試合を残して4年連続優勝を決めた。

9月

▽残留へ正念場、苦闘続く

1日　AC長野と練習試合

J3のAC長野パルセイロと松本市で練習試合、2−1で勝った。前半39分と後半26分にともに中美の得点で2点をリード。後半47分にAC長野が1点をかえした。約1200人が観戦。

3日　立正大淞南高の山田が来季加入

島根・立正大淞南高のMF山田真夏斗(18)の来季加入が内定したと発表。滋賀県出身で、昨季の全国高校選手権では2年生ながら主力として16強入りに貢献。

8日　J2甲府と練習試合

山梨県中央市でJ2甲府と練習試合、1−2で敗れた。1点を追う後半16分に高崎のゴールで追い付いたが、同31分に勝ち越し点を許した。

9日　米原が左肩手術

MF米原秀亮が3日に都内の病院で左肩の手術を受けたと発表。左反復性肩関節脱臼との診断で、全治まで約6カ月かかるため、早いタイミング時期の手術に踏み切った。

9日　ブラインドサッカー体験に田中隼も

20年東京パラリンピックの正式種目「ブラインドサッカー」の体験会が、松本市の県松本盲学校であった。DF田中隼磨が来校し、幼稚部−高等部の約20人と一緒に音が鳴るボールを追い掛けた。

11日　8月MVPに高橋2度目

8月の月間MVPにDF高橋諒が選ばれたと運営会社が発表。2～3月以来2度目の選出。

12日　山本龍がJ2山形へ

MF山本龍平がJ2山形へ育成型期限付き移籍すると発表。19年末までの期間中、松本山雅と対戦する公式戦には出場不可。

14日　J1第26節＝神戸Ⓐ　●1−2

23日　前田が今季2点目

ポルトガル1部マリティモのFW前田大然が今季2点目となる先制点。敵地戦にフル出場し、前半32分に自らが獲得したPKを決めた。

29日　J1第27節＝FC東京Ⓗ　△0−0

29日　今季最多で書道パフォーマンス

首位のFC東京をホームに迎えた第27節は、今季最多となる1万9271人の観客が見守った。試合前には、松本蟻ケ崎高校書道部の29人が音楽に合わせて文字を書くパフォーマンスを披露。ピッチ上に大きな紙3枚を並べて今季スローガン「境界突破」などを書き上げた。

10月

▽初の平日ナイター「金J」盛り上がり
▽台風19号被災地に思い寄せ―支援活動も

2日　ガンズくん登場の交通安全かるた

運営会社がホームタウン市町村の学校に配るために「交通安全かるた」を初めて作り、松本市並柳小学校に贈呈。1、6年生約130人が遊びながら交通マナーを学んだ。「ガンズくん」が歩きスマホ中に電柱にぶつかる絵も。

5日　J1第28節＝仙台Ⓐ　○1−0

10日　9月MVPに町田

ファン投票で決める9月の月間MVPに、MF町田也真人が選ばれたと、運営会社が発表。

11日　磐田と練習試合

静岡県磐田市でJ1磐田と練習試合。ほぼ全選手が出場して45分×2回と30分×2回を行い、計1−2。

14日　Jユース選手権で初戦突破

第27回Jリーグユース選手権の1回戦がサンプロアルウィンなどで行われ、松本山雅U−18は仙台ユースに2−0で勝利、3年ぶりに初戦突破した。19日の

松本山雅この一年　2019・10～11

2回戦で大宮U―18に0―3で敗れ、16強入りならず。

16日　スポーツ庁長官が喫茶山雅視察

スポーツ庁の鈴木大地長官が、運営会社が経営する喫茶山雅を訪れた。第9回世界健康首都会議への出席に合わせた視察で、スポーツによる地域活性化の好事例として神田社長から取り組みを聞いた。

18日　J1第29節＝鹿島Ⓗ　△1―1

18日　台風19号被災地に思い寄せて

J1第29節のホーム鹿島戦では、台風19号による犠牲者を悼んで試合前に会場全体で黙とうし、両チームの選手らは喪章をつけて試合に臨んだ。反町監督は「心が痛む。われわれができることは、長野県を代表するプロチームとして（被災者に）エネルギーを与えるようなサッカーをすること」と強調した。松本山雅FCとしては被災地支援の募金活動も行い、総額117万7107円に上った。

18日　「金J」盛り上がり

金曜日の夜の公式戦「フライデーナイトJリーグ（金J）」をホーム戦では初めて開催。音楽ライブや限定シャツの配布などがあり、サポーターたちは土日の試合以上に盛り上がった。

23日　セルジーニョ全治5週間

鹿島戦（18日）で負傷したMFセルジーニョが右膝内側側副靱帯損傷で全治約5週間の診断と発表。

30日　守田が特別支援学級で指導

GK守田達弥が松本市梓川中学校を訪ね、特別支援学級1～3年の生徒ら13人にサッカーを指導した。初めての試み。守田は長男が特別支援学校に通学。「楽しくなると大きな声を出してしまい、初めての場所に行くのは緊張する」という。「同じ理由でサッカー観戦を諦めてほしくない」と、8月から自身の愛称にちなみ「JUMBOシート」と銘打ち、障害のある子や家族をホーム戦に招待している。

11月

▽2万人直前―ホーム戦入場者数が記録更新
▽壁高く…。最終節残してJ2降格決定

1日　10月MVPはセルジーニョ

ファン投票で決める10月の月間MVPにMFセルジーニョが選ばれたと、運営会社が発表。

2日　J1第30節＝C大阪Ⓐ　△1―1

4日　台風19号避難所で交流

松本山雅FCとAC長野の選手、コーチら計12人が、長野市の台風19号による被災者の避難所となっている北部スポーツ・レクリエーションパークで子どもたちとボール遊びを楽しんだ。県作業療法士会が企画し、山雅からはGK田中謙吾らが参加。

5日　前田がU―22代表に

日本サッカー協会は東京五輪世代となるU―22日本代表に、松本山雅から期限付き移籍している前田大然（マリティモ）ら22人を選出した。

10日　J1第31節＝鳥栖Ⓐ　●0―1

11日　町田が全治6週間

MF町田也真人が右ふくらはぎのヒラメ筋肉離れで全治約6週間の診断と発表。1日の練習で痛めた。

11日　富山と練習試合

松本市でJ3富山と練習試合をし、0―2で敗れた。U―18の選手も加えたチームで臨み、前後半に1点ずつ失点。

17日　前田出場のU―22日本が完敗

国際親善試合キリン・チャレンジカップ（広島市）で、U―22日本代表がU―22コロンビア代表に0―2で完敗。前田大然（マリティモ）は後半42分から出場。

18日　ホームタウンに2町村追加

朝日村と箕輪町がホームタウンに加わることがJリーグ理事会で承認され、全9市町村に。箕輪町は中信以外で初。

23日　J1第32節＝横浜MⒽ　●0―1

23日　過去最多の入場者記録更新

横浜Mとのホーム戦の入場者は1万9744人となり、過去最多記録を更新した。

23日　山雅U―18がプリンスL昇格

石川県七尾市で行われたプリンスリーグ北信越プレーオフで松本山雅U―18が勝ち、県リーグ1部からプリンスリーグ北信越への初昇格を決めた。

23日　スイーツ審査など催し多彩

ホーム戦の前に、松本山雅にちなむ菓子のコンテスト「スイーツフェスタ」や高齢者対象の健康教室、スタジアム見学ツアー、ごみの減量を呼び掛ける市主催の催しが開かれ、雰囲気を盛り上げた。

24日　藤枝と練習試合

松本市でJ3藤枝と練習試合をし、2―2で引き分け。前半に高崎が先制。後半連続失点で逆転を許したが、けがから復帰した町田が同点ゴールを決めた。

27日　「力水」飲んで頑張って

松本市の美ケ原温泉旅館協同組合がミネラルウオーター「美ケ原温泉水」60リットル分を贈った。温泉水をペットボトルに詰めて10月に商品化。選手らを後押しする「力水」となるよう願った。

30日　J1第33節＝G大阪Ⓐ　●1―4

12月7日　J1第34節＝湘南Ⓗ　△1―1

挑むJ1！　松本山雅2019全記録

2019年12月9日　初版発行

編　者　信濃毎日新聞社
発　行　信濃毎日新聞社
〒380-8546　長野市南県町657
メディア局出版部　026-236-3377
地域スポーツ推進部　026-236-3385
松本本社広告部　0263-32-2860
印　刷　株式会社綜合印刷

取　材　信濃毎日新聞社編集局
協　力　株式会社松本山雅／松本山雅フットボールクラブ
デザイン　酒井隆志／髙﨑伸也
編　集　信濃毎日新聞社出版部
写真提供　Jリーグ／松本山雅FC／共同通信社

本書は信濃毎日新聞本紙に掲載された記事・写真を基に、再構成しました。記事中の日時や時期、人物の肩書きや事実等は原則として各試合や新聞掲載当時のものです。

＊一般販売用とコンビニ販売用で表紙デザインが違いますが、内容は同じです。

落丁・乱丁本は送料弊社負担でお取り換えいたします。
ISBN978-4-7840-7360-3 C0075